大夏书系·教师政治素养

做一名
有政治素养的
教师

丛书主编／韩震

李晓东 主编

ZUO YIMING
YOU ZHENGZHI SUYANG DE
JIAOSHI

目　录
Contents

总　序 / 1

前　言 / 1

第一章　用爱感动世界

　　都是因为爱 / 3

　　爱，不能只在心里 / 8

　　把爱播种在希望的田野中 / 13

　　用爱雕刻心灵 / 18

　　用一湾清泉浇灌爱的种子 / 23

　　心中有爱　胸中有墨 / 26

第二章　守望精神家园

　　有一种素养，叫信仰 / 31

　　职业幸福：精神家园的追寻与守望 / 37

　　坚守就有希望 / 43

　　坚守中的苦与乐 / 48

在守望中执著地前行／53

守住真诚做教育／58

德育从教师开始／62

第三章　走在成长的路上

奉献　求真　创新／71

一切，从改变自己开始／77

我是教师／84

我的教育人生／87

我的教师专业成长之道／93

春华秋实／98

凡心所向，素履所往／101

这些年我做教师的苦涩／106

第四章　我与幸福结缘

以理性之光照亮教师的幸福之路／113

为自己谱写一曲幸福的赞歌／119

梦想，在坚持中绽放／125

第五章　奉献无悔

行走在志愿者路上 / 133

愿做一支有生命魅力的红烛 / 139

最好的选择 / 144

第六章　真诚关注学生

不求桃李满天下，只愿桃花朵朵开 / 151

当好学生成长的引路人 / 158

此生摆渡只为伊 / 162

对人的尊重是教育的根基 / 170

生之所需，我之所为 / 174

两块木牌引发的思考 / 181

绽放你的微笑 / 186

后　记 / 191

总　序

与社会其他职业相比，人们对教育事业的从业人员有更多的关注。为人师表的道德要求给教师职业带上了某种神圣性，让全社会对教师职业素养有了很高的期待。在教师的素养中，政治素养是最重要的组成部分。总体说来，广大教师志存高远，勤恳敬业，甘为人梯，乐于奉献，为教育事业发展作出了重要贡献。但在经济转轨、社会转型期，有些教师对政治素养重视不够，世界观、人生观和价值观还存在一些不容忽视的问题，理想信念不够坚定，对社会上的一些不良观点随声附和，甚至在课堂上以此博取学生的喜欢，并没有起到必要的示范和引领作用。

政治素养不是意识形态的简单灌输，强调政治素养的提升，并不是要将教师变成政治文件的传声筒或复读机。真正的政治素养，应该是教师能够对国家政治生活基本要义做理性的把握，并引导学生以正确的方法和理性的态度触摸社会的政治脉搏，进而培养其独立的辨析能力、理性爱国的精神，以及对社会责任的担当。良好的政治素养体现为具有坚定的政治立场、鲜明的政治态度和良好的职业操守。一名具有良好政治素养的教师会胸怀祖国，忠诚于人民教育事业，爱岗敬业，关爱学生，为人师表。在现实生活中，每一位教师都需要注重提升自身的政治素养，展现师表风范。

提高政治素养首先要求教师坚定理想信念。理想是指引人生的灯塔。教师有了理想，才能执著地为理想而奋斗，在工作中，无论遇到什么问题、什么困难都不会得过且过，而会勇敢地与各种困难作斗争。中国特色社会主义是当代中国发展进步的根本方向，是全国各族人民的共同理想。广大教师需要高举中国特色社会主义伟大旗帜，坚定不移地走中国特色社会主义道路，努力掌握和运用中国特色社会主义理论体系，坚信中国特色社会主义制度具有巨大优越性和强大生命力，把个人奋斗同人民为实现中国特色社会主义共同理想的奋斗紧密结合起来。

提高政治素养还要求教师增强社会责任感。古人云，家事国事天下事，事事关心。教师不能把自己的工作仅仅视为一种谋生手段，不能把自己的视角仅仅局限在校园范围内，研究学理，教教书本，以维持个人生活，而应该以适当的方式积极融入公共领域，心系民族命运、国家发展和人民福祉，敢于坚持真理，批判社会中的不合理现象，不断提升自身的社会责任感。

提高政治素养也要求教师遵纪守法。教师应该积极学习法律知识，加强法制观念，分清合法与非法行为，明确法律赋予自己的权利和义务，做到严于律己；教师还应该尊重学生的人格，呵护学生健康成长。在教育教学中，教师还要自觉抵制社会不良风气的影响，不利用职务之便谋取私利，坚持大义为先，抵制金钱、名利的诱惑，不取不义之财、非法之利，不贪受学生及家长的财物，不贪占集体与他人的财物，不沾染恶习，不越雷池一步，始终以廉洁的道德品行为学生与世人作出表率。

提高政治素养还特别要求教师必须加强政治理论学习。在全面推进素质教育的今天，教师不仅要有过硬的专业能力，同时应有良好的政治思想素质。系统的政治理论学习是教师增进理想信念，增强爱岗敬业精神，增强遵纪守法观念，增强创新精神和竞争意识，增强团结协作的集体主义精神的重要途径。在教育教学中，教师要不断提升自己的阅读层次，多读一些高水平的政治理论著作，提升自己的理论修养，形成对社会发展的基本判断能力和独立思考能力，避免非理性地人云亦云，随波逐流。

最后，提高政治素养要求教师必须树立正确的人生观、价值观。教育是塑造灵魂的事业，教师在塑造别人灵魂的过程中净化了自己的灵魂，学生的人生价值是教师自身价值的延伸，这是教师职业的圣洁所在，也是教师的人生意义所在。广大教师要自觉坚持社会主义核心价值体系，带头实践社会主义荣辱观，不断加强师德修养，静下心来教书，潜下心来育人，把个人理想、本职工作与祖国发展、人民幸福紧密联系在一起，树立高尚的道德情操和精神追求，以自己的言行教育年轻人，影响全社会。

教师唯有具备包括政治素养在内的良好职业素养，才能真正做到传道、授业、解惑，才能培育出拥有健康的政治意识的公民。而唯有培养出高素质的公民，国家才能发展和进步。基于此，在华东师范大学出版社的具体策划下，我们组织编写了这套"教师政治素养"丛书，希望以理论阐述、专家讲座、教师感悟等不同方式对这一问题作出阐发，以期对教师政治素养的提升贡献绵薄之力。

韩 震
2012 年 8 月 6 日于北京师范大学价值与文化研究中心

前言 政治素养，贵在践行

政治素养是教师不可或缺的基本素质。这一点，已经达成共识，自然不必赘述。那么，政治素养又是如何体现在教师身上、落实到教师的工作中的？这个问题倒是值得我们琢磨一番。

有人认为，政治素养都是那些形而上的意识形态的东西。所以，教师要具备政治素养，就必须通过外在的灌输来实现。基于这种想法，政治素养被等同于政治学习，似乎把教师们集中起来，让大家学学中央文件、写写学习感言，就算是落实政治素养了。

也有人认为，政治素养是很抽象的东西，看不见，摸不着，因此，也就没有办法在教师身上找到确切的呈现方式。既然没法呈现，自然也就没法衡量了。所以，政治素养不是培育的结果，而是天生的素质。这是一种本能，是学不会的。因此，就没有必要在学习实践中体现政治素养。

果真如此吗？

为了让各位读者对这个问题有一个直观的感受，我们想到了一种直观的表达方式：现身说法。让教师说说自己对政治素养的理解与践行。于是，就有了本书，"教师政治素养"丛书中的"感悟篇"。这里的文字，没有多少惊天动地的慷慨陈词，更不是想象中的表决心、喊口号。在平淡的文字里，充溢着让我们读后怦然心动的东西。这些故事，每天都在我们身边发生。每一个真心从教的人，都在用自己的努力和辛苦，做着和这些作者同样的选择和处理。那些似曾相识的场景，会勾起我们多少充满酸甜苦辣咸的回忆！

  这些让我们"经过一番细思量，宁愿选择这份苦"的东西，就是所谓的政治素养了。虽然这些故事看似平淡，甚至很多时候有很多无奈，但当类似的事情在我们的教学实践中发生的时候，我们还是会无怨无悔地选择那种看起来并不理想的处理，即使这样的处理方式包含了很多对自己的不公平。为什么？理由只有一个——我们是老师！

  不要奢求教师的职业道德水准与古之圣贤比肩。他们和所有的人一样，也要为自己的衣食住行盘算和考虑。他们也有自己的妻儿老小，也有自己的喜怒哀乐。每个人都有情绪低落的时候，有落寞寡欢的时候，老师也不会超然于此。网络上曾经流传一则《我只是老师》的短文，在一定程度上说出了这种无奈。但是，作为教师，每一个人都应该在自己的心底，为这个神圣的称呼留一块地盘，在那里安放的，是我们身为师者的寄托和牵挂。当我们从学生那里、从我们的课堂中、从自己的成长中感受到了进步与幸福时，我们就会到这个地盘书写我们的幸福与自豪；而当我们遭遇歧视、冷眼和嘲讽时，也会到这里寻求安慰，给自己一个继续从事这个职业的理由。这个地盘上的东西，也就是所谓的政治素养了。

  政治素养不是高高在上的神圣品质，而是我们生活的点点滴滴。追求政治素养的实现，不是要我们变成不食人间烟火的神圣者，而是要我们在工作、学习的方方面面，都能以充满慈悲的仁者情怀，给我们的学生道德的培育、知识的传输和品格的示范。用真诚唤醒真诚，用平凡成就感动，我们就是政治素养的践行者！

李晓东

第一章 用爱感动世界

都是因为爱

从哪儿开始呢？就以那条短信作引吧。

2011年6月9日16点40分，铃声响起，高考最后一门考试结束了。孩子们神情凝重地出了考场，原本安静的校园里响起一阵又一阵的"哀号声"。回校的车上，我收到了那条短信。"老师，你辛辛苦苦讲了三年政治，可是高考还是难得像九阴真经，让我们有何颜面见江东父老！"我站在摇晃的车上，头晕目眩。三年的辛苦，三天的疲惫，压垮我的最后一条信息如巨石从天而降！我眼前一黑，心口一热，吐血三两。停，列位看官，你们想错了，我奋斗了三年，起早贪黑，就落得这个下场？我站在摇晃的车上，脚下蹲着9班一位感觉考砸了正在哭泣的女生，在她嘤嘤的哭声里，我手起指落回了一条："历尽天华成此景，人间万事多艰辛。今年的题目，我料全省都会摇头，徒儿请宽心，付出总会有回报！"

2011年7月25日晚8点，高考发榜！又是那位弟子，又是一条短信："老师，我的政治是A，我爱您，谢谢！"好家伙，老夫纵横"武林"二十余载，送走多届高三，可谓身经百战，为了这届学生，我着实耗损了不少元气。可发自肺腑的一句"我爱您"仿佛一颗"大还丹"，让我又神清气爽起来！喜剧的最高境界是笑中带泪，一句"我爱您"的背后又有多少"我恨你"铺垫在先啊！

交上来的周记里有弟子的直言顶撞："老顽固，我恨你，爱情无罪，真爱无敌，这次栽在你的手上，悲催了！生命诚可贵，自由价更高。若为爱情故，二者皆可抛！"

我正看着周记，感觉民怨沸腾的时候，故事的男主角气势汹汹杀到了办公室："老师，偷看别人手机短信算不算侵犯他人隐私！手机我不要了，把上面的挂坠还给我！还有，别找她麻烦，一人做事一人当——""英雄！"我冲眼前这位弟子挑起大拇指！"要救美的'英雄'你先消消火，我先问你几个问题！"准备鱼死网破的"英雄"被我夸得一愣，随即我火力全开："学校三令五申不准携带手机、游戏机等电子产品，你半夜12点不睡觉躲在被窝里玩手机，老师查房予以收缴，有没有错？手机收过来，放在我口袋里，大清早手机响了，一看上面显示是你妈的电话，我一琢磨，可能妈妈找儿子有事儿，别耽误了，于是我替你接了，没想到，是你的爱情热线，原来你在来电显示上玩了一招'明修栈道，暗度陈仓'，不用查看你的短信也能知道你的情史，你'妈'亲口告诉我的。这算侵犯他人隐私吗？"我的"三板斧"挥下来，"英雄"脸上红一阵白一阵，眼神已经不那么锐利了。"手机挂坠比手机还重要？买椟还珠啊，至于为什么，你不说为师也能猜到，定情信物嘛！当初，她给你这份礼物，除了代表她喜欢你，你知道它还意味着什么吗？""英雄"有点迷糊，摇了摇头。我站起来，拍拍他的肩膀："意味着一份信任，你能带给她幸福快乐的信任，意味着一份责任，一起相伴成长一起进步的责任。""英雄"听到这话，眼神忽然清澈了起来。师徒二人四目相对："还有两个礼拜就要学业水平测试了，转眼就是高三，在这个节骨眼儿上——""别说了，老师！我——"就在全场谈话行将进入高潮，师徒二人就要一笑泯恩仇的时候，故事的女主角哭着进了办公室！

"老师，我们也没做什么出格的事儿，你为什么要通知我爸爸到校，现在他都进校门了！"女主角眼泪哗哗的，男主角一听就急了，死灰立刻复燃："老师，你告诉家长了？不就是平时——"怨气还没撒完，女主角的父亲推门进了办公室。一看女儿也在，眼泪汪汪，大感不解："××，你怎么哭了，肯定犯了错，挨老师骂了吧？活该！"唉，真是人算不如天算，眼前风云突变，我也只好见招拆招："××的爸爸你别急，没什么事儿，我就是找你丫头聊聊最近成绩波动的原因，可能话说重了，她有点儿接受不了，行了，你们先上课去吧，我和你爸聊会儿！"女主角的父亲接过话茬儿："今天，我这么火急火燎赶到学校，事先也没和老师打招呼，就是想来了解一下，为什么这次模拟考试你考得这么差。看到成绩我真想抽你啊，这样，你先上课去，我和老师谈！"言毕，男女主角转身离开，到办公室门口，女主角回头给了我一个复杂的眼神，乞求？无奈？感激？——万般滋味都涌在眼眸！

列位看官，你们说，我要不要在她父亲面前参她一本呢？参了，眼前这位父亲大人我了解，性如烈火，妻子受不了他的火爆脾气离他而去，这些年他独自带着女儿辛苦度日，所有的期望都寄托在孩子身上，隔三差五就和我电话联系询问孩子的在校表现，望女成凤之心相当迫切。我要是如实相告，他宝贝女儿已经情窦初开，正给他物色"乘龙快婿"呢，按照他的脾气，一把烈火烧过，女儿要是真"浴火重生"了还好，可如果"万念烧成了灰"就很难"枯木再逢春"了。我一边和"烈火"寒暄，一边权衡思量。"××的爸爸你也别上火，孩子最近学习压力大，精神高度紧张，刚才和她聊了一会儿，她说特别担心考不好，怕对不起你，晚上时常失眠，白天精神有点恍惚，这次模拟考试并没有真正反映她的真实水平，还有两个星期，我们和家长配合好，给孩子减减压，让她轻装上阵，我相信，学业水平测试她不会让大家失望的。""老师，你说——你说她紧张成这样，唉——""烈火"长叹一声，"可能平时在家我管得太多，说得太重了，我心里急啊，孩子的前途是我最大的心病，行，我听你的，这'皇上不急太监急'也没用，给孩子松松绑也许效果更好。"列位看官可能在心里笑我："老师，你真能瞎掰，孩子失眠你也编得出来。"郑重声明，本人所言绝无虚构，早上，男主角的"妈"在电话里亲口对我说的。

  安抚走了她父亲，我定神理了理思路，决定趁热打铁，晚自习发动总攻。夜凉如水，校园静悄悄的，办公室里就剩下我们师徒三人，看着眼前这对"鸳鸯"，我心潮澎湃："×××，你知道你的'心上人'早晨在电话里都说了些什么吗？""不知道，她早上一到教室就哭着和我说，我们被老师发现了，要挨整了！""××，你应该告诉他，这些天你很苦恼，自从他对你表白后，你又喜又悲，喜的是自己被人喜欢，很满足，很开心，悲的是学习这么紧张疲惫，还要为感情的事儿分心！心乱如麻，晚上失眠！"这对"鸳鸯"听完我的话后对视一眼，双双低下了头。"我爸对我期望很高，他很辛苦，我不想让他担心、失望！""你的事儿，老师替你隐瞒了。""我知道，爸爸离开学校的时候还安慰了我，让我放松一些，只要尽力了，考成什么样儿，他都不会怪我。"女主角的眼泪在打转转，男主角的头一直低着。"老师从来都反对早恋这个说法，人生到了一定阶段自然会产生对异性的一些爱慕之情，这再正常不过，这是一件美好的事儿，那老师为什么要反对男女生超乎友谊的接触呢？大道理我在班会课上说了无数遍，今天我不啰唆了。×××的手机先存放在我这里，挂坠还给你，记住白天我和你说过的话，别让这个坠子送得不值，别辜负了老师对你的信任——"男主角一抬头，眼泪刷地流了下来,他接过坠子,一副欲言又止的样子,我一摆手:"行了,回去吧,晚自习还有好多功课等着你们呢!"

一个月后,我闲来无事登录本地学生论坛,发现有个置顶的帖子——"老师,我爱您",打开一瞧,列位看官,哈哈,又是一颗"大还丹"哪!

(施永辉 江苏省南通市小海中学)

爱，不能只在心里

前不久，中国时代之声演讲团知名讲师王海童老师应邀来我校做"让生命充满爱"大型博爱激情演讲，全校师生及家长一起参加了这次演讲活动。在两个小时的精彩演讲中，王海童老师围绕"爱祖国、爱老师、爱父母、爱自己"的主题，生动诠释了爱的真谛，学生、家长、老师——在场的每一个人，无不为"爱"而深深感动。

随着王海童老师的演讲步步深入，许多孩子由原来的漫不经心、无动于衷，变得表情凝重起来。当孩子们在王海童老师的指导下，紧紧地握住爸爸或妈妈粗糙的、长满老茧的双手，仔细端详爸爸或妈妈的额头上是否又爬上了几条新的皱纹，双鬓是否又增添了一缕白发时，他们的眼圈红了。"爱是行动，爱是勇气，爱是表达。"在王海童老师的鼓励下，孩子们面向父母站好，握紧双拳，高高举起双臂，向着苍天大声地喊出："爸爸妈妈，你们辛苦了！我永远爱你们——"坐在一旁的家长们感动得热泪盈眶，孩子们开始抽噎了，他们按照王海童老师建议的方式，扑到爸爸或妈妈怀里，紧紧拥抱，不少孩子为自己曾经的不懂事甚至叛逆而愧疚地双膝跪下……看着孩子们与父母抱在一起，一个个哭成泪人儿，有的甚至失声痛哭，一旁的我也情不自禁地抹着不听话的泪水。当孩子们跑过来争着与我拥抱，男生集体向我鞠躬行礼，女生们把我团团围住，含泪齐声高呼"老师我爱你——"的时候,我再也无法控制自己,闭上双眼,任泪水奔涌,一句话也说不出来。我能够做到的只是张开双臂,尽可能把更多的孩子搂在怀里,将淌满泪水的脸颊紧紧贴在孩子们的脸庞上。家长们也纷纷过来与我握手,表达对我的感激之情。我不知如何是好,只是紧紧地握住他们的手,用颤抖的声音,一遍又一遍地重复着"应该的"、"我做得很不够"。

学生在哭,父母在哭,老师在哭……除了泪水,人们似乎再也找不到更好的情感表达方式。感恩的泪,愧疚的泪,喜悦的泪,幸福的泪,流淌在一起,汇成了情的海洋、爱的世界。那一刻,我真正体会到了当老师的无尚幸福和光荣。是啊,在师生之间,没有利益之争,没有钩心斗角,也没有师傅对徒弟的狭隘与保守。学生们以纯真朴素的情感爱着自己的老师,老师则以博大的胸怀爱着自己的每一位学生——尽管他们不是自己的孩子。请问,有哪一种职业的工作者能够享受到此种发自内心、来自灵魂深处的真爱呢?

相信在这次爱的洗礼中,学生、家长、老师,人人有感悟,人人有反思。作为一名老师,我的感悟和反思有三,与大家分享。

一、爱如涓涓细流,要用心去感知

王海童老师说:"孩子的成长是以家长的付出和衰老为代价换来的,学生的进步是老师忘我工作取得的。"我想再加上两句话:每一位学生的成长,都离不开国家、社会为我们提供的良好条件;每一位学生的进步,都离不开同学、挚友的互帮互助。老师应该引导孩子们,从学校的不断发展中,学生获得的各种优惠、补贴、捐助中,去切身感受党、政府及社会的关怀和温暖，从老师的辛勤工作、父母的辛苦劳作以及他们没完没了的唠叨中，去感受老师的博爱、父母的慈爱，从学校日常生活的点点滴滴中，去感受同学的友爱和手足之情。作为老师，我们自己也要善于从孩子们的点滴进步中，从孩子们的每一句誓言、每一句问候、每一次力所能及的分担中，去感受孩子们对祖国、对人民、对学校的热爱，对家长、对老师、对同学的纯真之爱。我们每一个人，都应该常怀一颗感恩之心，让感恩成为一种情怀，让感动成为一种习惯。

二、爱不能只在心里，要有爱的表达

我们以前为什么很少有今天这样的激情、今天这样的感动？那是因为，我们以前虽然有爱，但不善于爱的表达，缺乏爱的表达。内向、含蓄，喜欢把感情深深地埋在心底，是我们中华民族的性格特色。这一特色很不利于父母子女之间、师生之间、同学之间情感的交流和爱的互动。"爱是表达"，这是王海童老师留给我最具有启发意义的一句话。爱，只有被发现了、理解了，才能被接受，才能有反馈。如果我们平时都注重爱的表达，善于爱的表达，父母子女之间、师生之间、同学之间，哪里还会有那么多不理解、那么多不愉快、那么多隔阂啊！我们的心灵就会有更多的和谐默契、更多的相通相融。作为老师，我们应该牢记王海童老师的告诫：让学生意识到爱、学会表达爱，比爱他们更重要。我们不能只是默默地付出、默默地奉献，要善于向孩子们示爱，要有意识地引导孩子们注意，老师因为爱他们，每天在为他们做着哪些点滴付出，在为他们做着哪些巨大牺牲，让孩子们真切地感受到老师每时每刻都在深深地爱着他们中的每一个人。

三、爱不能只在口头，要有爱的行动

爱不仅是一种心中的感觉、嘴上的表达，更应是一种行动。我们应该引导孩子们反思：自己还有哪些方面做得不够好？与祖国和人民、与父母和老师的期望还相差较远，还有哪些事情让深爱我们的人着急了、伤心了？在今后的日子里，我们应该用怎样的行动来报效祖国和人民，来报答深爱我们的父母和老师？要引导孩子们把爱祖国、爱人民、爱父母、爱老师、爱同学落实到平时的具体生活和具体行动之中。作为老师，我们也应该反思：自己还有哪些方面做得不到位？怎样才能让孩子们从老师那里真正享受到父母般的疼爱？一个眼神，一个手势，一个拥抱；一条批语，一句问候，一次长谈；一碗红糖水，一件保暖衣……都是我们老师播撒大爱的方式和途径。爱，就在生活、学习的每一个细节之中。作为老师，我们还必须抛弃分数、考评等方面的功利思想，每一个施教行为都要以学生的全面发展、长远发展为立足点，这才是真正的爱学生。

王海童老师的这场精彩演讲，对在场的每一个人影响很大，荡涤了灵魂，升华了情感，陶冶了情操。听完王海童老师的演讲，人人都有一种"听君一席话，胜读十年书"、"相见恨晚"之感。假如早就懂得爱是感知，爱是表达，爱是行动，我们就一定能够比现在做得更好——我们会更好地爱我们的父母、我们的老师，我们的孩子、我们的学生；我们每一个人也就一定能够收获比现在更多的爱，一定能够享受到比现在更多的温馨和幸福。

因为有爱，人生才会更精彩。我们每一个人都应该努力地弥补过去，把握好现在的每一天、每一刻。因为有爱，世界才会更美丽。让我们心存感激，爱脚下这片热土，爱我们身边的

每一个人!

相信王海童老师这场精彩演讲,会成为我们人生中的一笔宝贵的精神财富,对于我们构建和谐的师生关系,建设和谐班级、和谐校园以至和谐家庭、和谐社会,都将产生积极、持久的推动作用。

(纪淑品 河北省晋州市职教中心)

把爱播种在希望的田野中

爱是教育的前提，也是教育的源泉和动力，更是教育智慧的种子，它为师生的深情厚谊架起一座宏伟的桥梁。"捧着一颗心来，不带半根草去。"陶行知先生为我们指出了爱依附在教育的希望之中。

我曾经做过二十多年的教师，也当过初中班主任。2007年秋，我有幸当上了高中班主任，这不仅让我对高中教师的艰辛有了真切的体验，而且让我在班主任工作中磨炼了意志，丰富了教育教学阅历，更增添了智慧。

一、成功来自细节

有人把小学生比喻成祖国的花朵，天真、活泼、可爱，小学教育充满浪漫色彩，又有人把初中生比喻为未来的希望，初生牛犊不怕虎，敢于拼搏，激情澎湃，初中教育充满着挑战与希望。而高中是人生的一个特殊阶段，高中生一方面稚气未脱，另一方面又开始走向成熟，出现逆反心理。有人说他们是一个特殊群体，农村普通高中学生更是特殊群体中的特殊，他们大多数是农村"留守学生"。

刚接任高一年级的班主任时我发现，高一新生大多数在学习上懒散，上课不听讲，课外不完成作业，有时还逃课去上网。在生活上他们不拘小节，父母打工赚来的钱拿来就花，有的学生一个月的生活费超过一千元。他们不讲究卫生,寝室、教室里随处乱丢垃圾,自我管理能力极差。面对这些问题,我觉得应该从养成教育抓起,从细节入手。

于是,我先后组织了"学校规章制度"、"学会做人"、"学会做事"、"学会感恩"、"做一名有理想的高中生"、"我爱我班"等主题班会。在主题班会上,采取多种办法开展理想教育,让他们畅谈自己的人生理想。有时让他们对照学校的制度进行自我评价,有时让他们谈自己的成长经历,有时请高二、高三年级的优秀学生代表讲他们成功的经验。通过这些活动,学生逐渐明白了一个道理:要想做成功一件事,应该严于律己,从身边的小事做起,注意细节。学生小婷说:"听到他们的发言,我深受感动,如同从大雾中走来,终于明白了'千里之行,始于足下'的深刻哲理。"

为了使刚入校的高一新生养成良好的行为习惯,我开始狠抓管理中的细节。

其一,严爱有加,制定考勤制度。刚进校时,我们班的学生爱迟到,爱早退,爱旷课,而且自律性差,为了杜绝这种不良的现象,我成立了一个纪律检查小组。我自任组长,副组长由纪检委员担任,每天对班级实行量化考勤,每周公布一次考勤情况,对做得好的学生进行口头表扬和物质奖励,对表现较差的同学提出批评,并督促下一个阶段改正。一次,我们班的小阳同学向我请假,他要求外出参加一个同学的生日宴会,我没同意。随后,我向他的那位同学打电话作出解释,希望他能理解,该同学不仅没有责怪小阳,反而做小阳的思想工作,要他恪守班规,配合老师的行动。小阳同学也十分理解我,并对我的行为表示感谢。

其二,制定行之有效的卫生制度。高一上学期,班长对我讲，班上的学生不讲卫生，随地乱扔垃圾，在寝室里更是肆无忌惮，本应干净宽敞的寝室，有时变成了"水帘洞"。同学讨论之后，我决定在班上实行卫生责任制度。由劳动委员制定清洁卫生值日表，每天轮流值日并检查教室的卫生，每月评选一次劳动标兵，对那些助人为乐、甘心为班级做好事的同学提出特别表扬。

其三，注重学生的仪表仪容。处于青春期的学生是爱美的，但对于"美"的理解和行为示范有一个过程。"美"不等于时髦，也不等于标新立异，更不等于"自由泛滥"，当我把这些道理讲解给同学们听时，他们似乎明白了许多。高中生正值青春年华，要大方、自然、简洁，而不能穿奇装异服，染黄发等。通过交流、讨论和开主题班会，同学们都注重自己的着装，有了与学生身份相符合的仪表仪容。

其四，注重学习的每一个环节。我们班的学生早晚自习自觉性差，做作业马马虎虎，有时还不交作业。我每周让学习委员和课代表进行统计，让那些上课爱说话的同学自觉承担管理早晚自习纪律的任务。对那些不认真完成作业的学生，让他们按时完成作业，并与科任老师共同配合，帮助他们改正不认真完成作业的不良习惯。与此同时，我还搞了作业展览、优秀作业评比等活动，把做得好的优秀试卷进行张贴示范。

二、播撒希望的种子

当遇到新困难时，他们就会感觉自己的学习成绩不理想，学习压力大，升学十分渺茫。我带的是文科班，女生多，情绪容易波动。大多数学生的数学成绩较差，有的觉得数学课上就像在听天书。他们告诉我，在小学、初中时没有打好基础，加之训练极少，以致逻辑思维较差和动手能力较差。针对这种情况，我与数学科任教师汪老师进行商议，看他在平时的教学中是否可以降低一定的难度，对数学知识进行查漏补缺，并与学生多交流，帮助他们树立学习数学的信心。

与此同时，我还要求同学注重课外人文阅读，以帮助他们找到人生的正确方向；观看每年感动中国十大新闻人物的先进事迹，让学生们在道德文化生活中健康成长；每周让同学们写一句自己最喜爱的名言并贴在座位上，以此鼓励自己。

此外，还争取家长对班级工作的支持，与家长建立通信联络。我们班大部分学生的父母长期在外打工，交流的方式只能是打电话、发短信。逢年过节，我与家长彼此发短信、打电话问候，家长们表示十分感动。小浩的家长说："把孩子放在您班上我一百个放心，何老师！"每当看到这样的短信时，我总觉得当一名班主任老师虽然辛苦，但有一种爱的力量和希望从我心中涌现。

三、在希望中获得成功

转眼进入高三，学生越来越成熟，我的班级管理也轻车熟路。而学生们面对学习和考试感到有些茫然，有的学生开始怀疑自己的能力，有的准备彻底放弃，有的显得浮躁不安。为了给学生一个心灵的依靠，我将自己的办公桌搬进教室，与同学一起感受高三的紧张气氛。特别是高三下学期，我觉得同学们心理上的压力更大了，针对这种情况，我和班委会的同学共同组织了"我让理想放飞"、"我的未来不是梦"、"高考人生路"、"行行出状元"等主题班会。通过这些活动，同学们明白了这样的道理：高考并不神秘，只要勇敢面对，重视复习这个艰苦过程，就一定能取得高考的胜利。理想在心中，成功之路在脚下，大学也不是人生唯一的出路，我们可以到社会的洪流中去勇于创业、勤于实践，做一个优秀的农民，做一个优秀的员工，成为社会企业家，这也是大有前途的。通过交流，同学们的思想有了统一的认识，心理上的紧张情绪得到了缓解。他们放下包袱，开动脑筋，以满腔的热情投入复习备考之中。

相伴的日子，多了一份平衡，少了一份烦躁；多了一份鼓励，少了一份紧张；多了一份温暖，少了一份恐惧。相伴的日子，我们师生之间更加亲密无间了。更值得欣慰的是，我们班五十名考生全部顺利地参加了高考。我们的相逢是人生最好的缘分，我们永远在一起，我们高三（3）班是一个光荣的学习集体。

苏霍姆林斯基说："一个好的教师意味着什么？首先意味着他热爱孩子，感到跟孩子交往是一种乐趣，相信每个孩子都能成为一个好人。善于跟他们交朋友，关心孩子的欢乐和悲伤，了解孩子的心灵，时刻都不忘记自己也曾经是个孩子。"如今，在担任高中班主任之后，我再一次感受到这些话语的深刻哲理。当班主任就是要几十年如一日地坚守自己的事业，赢得尊严，超越自我。爱在心中，路在脚下，希望在美丽的蓝天上。

（何仲平　湖北省罗田县骆驼坳中学）

用爱雕刻心灵

闲暇时总喜欢倚在窗边，看青春飞扬的学生奔跑嬉戏，阳光下他们如花的笑靥在我眼前次第绽放，总禁不住想，许多年后，这些孩子还会记住我在窗前凝视的双眸吗？我会成为他们回忆中温馨的一帧画面吗？

往事并不如烟

拂去岁月的蒙尘，一个面孔蓦地浮现在我眼前：冰冷的脸，冷漠的眼，让我情不自禁地打了个冷战……对我来说这是个噩梦，快30年了，那时我只是一个十多岁的孩子，一家人与身为教师的父亲住在乡下的一所中学里，清贫却其乐融融。懵懂的我，不明白邻居王老师为什么总对我们冷若冰霜，直到升入初中，我开始体会到她的变本加厉。这所中学一共只有三个年级六个班，每一学科的老师都很少，而王老师恰恰就成了我的数学老师。每次她在课堂上都会用余光轻蔑地扫过我，从未看到过我高高举起的手，而每次我一笔一画、小心翼翼写的作业，都会原封不动地发下来，她从未给我批改过一次作业。为此，我总是回家痛哭，母亲也难过得落泪，愤怒的父亲多次找校长，可她还是没有任何改变。内心的失望与惧怕，同学不解的神情，让我对每一天的数学课都充满了恐惧。王老师那张冰冷的脸、那双冷漠的眼从此成为我的梦魇，我的数学成绩也一度变得一塌糊涂。后来我才慢慢明白其中的一些原因：父亲曾被错划为"右派"，虽然早已被平反，到了20世纪80年代，丈夫是军人的王老师却仍视我们一家如敌人……从那时起，我就常常想，如果将来我能站在讲台上，我一定要好好对待我的学生，绝不轻易去伤害任何一个学生的心灵！

曾经以为对于这个老师对自己的心灵伤害永不能释怀，如今却发现自己已能坦然面对，甚至有些时候我竟会感谢生活给予我的这些经历，它会不断促使我反思、修正自己的教学行为，它会时时提醒我要关爱每个学生……

舍不得删的短信

在我的手机里，有一条2010年教师节收到的短信，一直没舍得删："老师，祝你节日快乐，工作顺利！同时我想和您说一声，我的宝宝出生了，昨晚十二点五分生的，都很好，请放心。学生磊玉。"俗话说女人生孩子就是过"鬼门关"，在这一生最重要的时刻，我远在他乡的学生陈磊玉在刚刚生完孩子几个小时后，就躺在病床上发短信祝我节日快乐，这让我感动不已……在2011年暑假省初中教师全员培训的一次在线研讨中，有一个话题是"在您的教育教学实践中，是否感受过职业幸福"。我把这条短信发在了论坛上，省专家团队的甄老师给了我这样的回复："向任老师敬礼，能体会到你的感动和激动。做老师，有此，值了。"

1998年，我担任了一个初一班的班主任，陈磊玉是六十多名学生中的一员，当时她的父亲在外打工，母亲已下岗，家境困难。有一次，班上的一个学生悄悄地告诉我："老师，陈磊玉好几天都没吃早饭，好像没有生活费了。"当时我非常懊悔和心疼，悔的是自己竟不知情，疼的是这样一个懂事文静的孩子，竟然天天饿肚子！从那以后，从书本笔墨到学杂费，我总会接济她，直到初中毕业。

在她高二那个暑假即将结束的一天，正在吃午饭的我听到有人在敲门，原来是陈磊玉！快两年没见了，她长高了许多。她涨红了脸吞吞吐吐地说："老师，新学期开始了，需要交1060元学费，家里只有200块钱，妈妈说让我来找您……"如果不是走投无路，我想内向的她是不会轻易找我的，虽然那时我一个月的工资也不过一千多，而且母亲在这一年的春天刚刚动了一个大手术，我马上说："你先去上学，你的200块钱留着做生活费，一会儿我到银行去提钱，这些学费我去帮你交上，这钱我也用不着，告诉你的妈妈不用还了啊。"可是陈磊玉坚持只用860元。随后我去一中给她交了学费，并联系上她的班主任，为她争取了以后的学杂费减免名额。

从那以后，陈磊玉和她的家人经常给我打电话，总是说一些感激不尽的话，每每都让我觉得受用不起，而我也得知他们一家的生活渐渐好转起来。大概是2010年春节前，陈磊玉和她的爸爸、妈妈、弟弟，还有他父母的一位朋友，驱车二百多里来到我家，她的爸爸掏出钱坚决地塞到我手里，说："任老师，现在我们一家生活好了，买了房子，儿子开来的这辆车也是我们的，这是当年你帮磊玉交的学费，你无论如何都要收下！我的这个朋友专门跟我来，就是要看看我们全家人经常念叨的这个老师长什么样呢！"……

我只不过给了陈磊玉滴水一般的关爱，却换来了他们一家大海一样的感恩，这就是做教师的幸福！

温暖的贺卡

在我的书柜里一直保存着好多学生送的贺卡，一些已被岁月染黄，上面的字迹也被时间漂白了，但我却一张也舍不得扔掉。那张来自河南财经大学的贺卡是2005年元旦收到的，上面是这样写的：

　　老师，您还记得我吗？我是当年初一（2）班的李斌，那个曾经把门牙磕去一半的孩子啊！或许，我只是您众多学生中平凡的一个，而您却是我最难忘的恩师。

　　当我还无法完全适应新的生活时，是您那关怀的目光和话语，让我体会到了母爱的温暖，虽然当时您习惯让我们叫您"姐姐"。是您那关怀的眼神，让我摆脱了陌生和孤独的困扰，是您那鼓励的话语，让一个原本成绩平平的孩子，取得了自己满意的成绩。

　　细算起来，我已有近六年没见过您了，但您的样子却时常浮现在我眼前，您的声音也时常回响在我的耳畔。现在，我在异乡的大学校园里，看着寒风吹着满树的叶子纷纷落下，又让我不禁想起了当年的情形，也是在这个时候，树叶落下，天气变冷，早上，您来到教室，径直走到我面前："李斌，你带毛衣了吗？没带的话下午我给你带一件来！"那一刻，将永远铭刻在我脑海中……

李斌是来自乡村的一个孩子，非常勤奋。初二时的一个晚上，住校的他在宿舍前被一班的一个男生不小心碰倒，把两颗门牙都磕去了一半。懂事的他没有告诉在校外居住的我，直到第二天上班我才知道，想到十几岁的他不知怎样熬过了那一夜，我禁不住潸然泪下。虽然属于意外，但我还是忍不住地自责，毕竟牙齿磕坏了就不能再生了，至今想起来我仍感到遗憾。而李斌却铭记着那样一句普通的问候。这张小小的贺卡，让那个寒冷的冬天，变得如此温暖。

我早已不记得的一句话，竟会如此触动一个孩子的心灵。而我在某个"恨铁不成钢"的时刻脱口而出的话语，是不是也刺伤过某个学生的心灵，让他耿耿于怀，经年不忘？一想到这，我就会不由得纠结、惆怅。

20年了，教师已成为与我终生不离不弃的影子，伴我在悲喜与感动交织的时光里前行。在熙熙攘攘的街头一句清脆的"老师好"，在物欲横流的日子里一条温馨的短信、一张小巧的贺卡，便足以让我回味一生。

在这条爱与温暖铺就的道路上，我唯有奋力前行，收集那些点点滴滴的感动，留待某个白发苍苍的黄昏，细细咀嚼，慢慢感恩。

（任碧霄　山东省蒙阴县第三中学）

用一湾清泉浇灌爱的种子

在我的记忆中,李建东老师很少流泪。她是我们学校的明星教师,是北京市优秀教师,也是北京市紫禁杯优秀班主任特等奖获得者……我们心目中优秀的她,永远那么慈爱和坚定,就像一棵繁茂的大树,让我们伫立在她的周围,获取力量和智慧。

可是那天在学校为她举办的专场报告会上,在台下无数道敬佩羡慕的目光的注视下,她却哽咽得说不出话……我们知道,她又想起了已经离去的妈妈。那恐怕是她生命中最煎熬的一段日子……

那个夏天,李老师刚刚带病送走了一个高三毕业班,严重的高血压已经让她的身体绷到了极限,20多年的班主任工作该画上句号了。可是当书记告诉她高二一个班急缺班主任时,她那被我们戏称早该"回炉大修"的身体在那一刻又绷紧了。四十多个学生等待着她。于是,她在假期冒着酷暑走访了全班几乎每一个学生的家。她虽然身心疲惫,但换来了大量的第一手材料,同时也赢得了家长的理解和支持。一次次班级活动的开展,一项项可喜成绩的获得,让学生们充满了希望。可就在这时,一个晴天霹雳般的消息让李老师手足无措,和她朝夕相伴的母亲被确诊为癌症晚期,生命只剩三个月了。看着生命垂危的母亲在病痛中煎熬,她悲痛万分;看到学生们期待的目光,她又不忍抛下。最终她强忍着痛苦,一边照料母亲一边坚持工作。母亲走了，她却一天也没耽误工作。她是学生的好妈妈，但为自己不是个好女儿而自责不已。可是，如果让她再次作出抉择，她依然会把泪留在心底，在她的人生天平上永远都是学生最重。即使在最难熬的那段时间，她依然把微笑挂在脸上，印在学生心里。在教师这个特殊职业中，她付出了自己全部的爱。

当她处理完母亲的后事，忍着悲痛、拖着疲惫的身躯出现在教室时，看到了让她感动一生的一幕——班长带着全班同学，手捧康乃馨走了过来……同时，交给她一封信："李老师，当您在医院照顾母亲时，我们知道您的心情肯定特别不好，我们想打电话安慰您，但是怕给您添乱，所以，我们只能这样默默地为您祈祷。李老师，事情终会过去的，我们知道您很伤心，我们大家都陪着您一起度过……"学生齐声唤她"妈妈"，那一刻，"无悔"深深熨烫在了她的心里。

对一个人来说，最重要的就是在自己的生命历程中能够遇到这样一些人，这些人无私慷慨地帮助、关怀着你的成长，这些人用他们高尚的美德感染、教会着你，为你的成长播下了最初的种子。是他们托起了万千栋梁立地擎天，是他们传播着爱与责任，传播着四海一家……这是教师的责任和使命。

感受到自己被需要着，感受到自己的一点努力都会在学生身上发生神奇的变化，传授知识，点燃智慧，润泽生命，飞雪传薪，与学生分享生命中最重要的年华和岁月，这是教师的幸福和价值。

成功与美德是衡量人生事业的两种尺度，同时具备这两者的人，才是真正的幸福者。

因为幸福，所以无悔。

曾经有学生给我发过一条短信："授人以鱼不如授人以渔。学生们的高考成绩不能完全证明您，而在您的价值观指导下选择了正确人生目标的孩子们的成功,才是真正令您欣慰的。"

我们肩负着引领学生走向幸福的责任,在我心中永远记着,前方有我必赴的使命,身后是万千教师用他们的无悔人生书写出的尊严与骄傲。

(王萌　北京市第十一中学)

心中有爱　胸中有墨

这是一个真实的故事!

"教师是太阳底下最光辉的职业。"年少的我冲着夸美纽斯对教师的盛赞选择了讲台。然而,当我真正行走在校园里践行教书育人的使命时,我才懂得教师职业荣誉背后的责任。毋庸讳言,初涉教坛的我面对学生的愚钝、顽劣甚至挑衅,面对工作的单调、平凡还有琐碎,是如此失落、懊悔和怀疑。这样的教师生活与我当初在脑海中不断回放的"桃李满园"确实存在很大的距离,让我不得不怀疑自己当初执意成为教师的初衷。每每此时,看到眼前的不如意,又想到当初一心想成为教师的梦想,内心的郁闷与纠结可想而知。

幸运的是,我的学科组长任老师似乎看出了我这个新老师的心思,某个假日和我相约观看电影《地球上的星星》。说实话,这部电影我未曾真正看过,虽略有耳闻,却也从不认为会对自己产生任何影响。可当我真正走进影院,我才发觉教育路上的疑问瞬间找寻到了答案,我懂得了何去何从。其实,电影里尼库克老师带给我的震撼,并不是其才艺表演,抑或教育技能,而是其发自心底的对学生的爱。面对有阅读障碍的伊桑,他选择的不是放弃,而是以对学生的爱为驱动力辛勤忙碌着。刹那间,我思绪翩飞,我身边何尝没有这样的孩子?他们爱捣乱,不守纪律;他们自闭,不善表达;他们懒惰,成绩落后。

他们会有今天的表现，身上肯定也有跟伊桑相似的不幸，或因父母离异，或因留守农村，或因结交损友。如果我因为他们的表现不佳而放弃他们，他们也就不可能有《地球上的星星》中伊桑未来的成就了。那晚，我辗转反侧，思索着肩上教书育人的任务如何落实，爱的宣言如何用行动去证实。

  我试着发现班里同学们的优点，耐心地倾听他们的心声，真诚地伸出自己的援手，时刻提醒自己"以爱之名，圆为师之梦"。还记得，锋是众多科任老师眼中"教不好的学生"，我摸清他的家庭背景、兴趣爱好以及坏习惯的由来，明白其叛逆只为吸引更多的关注。我了解到身材高大的他热爱运动，所以，每次有班级运动赛事，我就让他上场，给予及时的肯定、表扬，并委婉提醒他在展现运动才能的同时应该认真对待学习。在他犯错误的时候，我并不大声呵斥他，而是努力以师爱感化与激励他。经过半个学期的转化，他各个方面都取得了明显的进步，尤其是纪律性增强了。最让我感动的是，锋不仅学会了约束自己，还会在背后发挥"大哥"的作用，帮我维持纪律，督促同学。看到锋在自己爱的感召下逐渐进步，我心中自然是欣喜万分。

  我想，如果当初我听从其他老师的建议，"只要他不违反纪律，师生之间就井水不犯河水"，对其不闻不问，那今天的局面就不可能出现。作为教师，我时常听到周围同事高谈阔论"捧着一颗心来，不带半根草去"，可他们的爱却不是发自内心，仅仅停留在口头上和文字中，真正面对学生的时候就将其抛之脑后。高尔基说过："谁不爱孩子，孩子就不爱他，只有爱孩子的人，才能教育孩子。"是啊，没有发自心中的爱，就不可能有成功的教育，也就谈不上教师的职业幸福感。

  当我发现教师发自心底的爱是开启学生心灵的钥匙，利用这把钥匙"过关斩将"教育、引导学生的时候，我也发现随着时间的推移，学生"越来越难教"。他们不再像以前对老师言听计从，对教师的尊重与崇拜更是急剧减弱，仅依靠"心中的爱"感化他们显得很不容易了。我曾有过埋怨，但我最终还是选择了反思，在反思中我意识到了教师与时俱进的重要性。教师只有不断学习，提高"科技含量"以及"智慧含量"，"胸中有墨"，加以配合"心中之爱"，才能更好地"收服学生"。经过长期的摸索，我发现教师不断武装自己、与时俱进的良方妙药莫过于案例研讨。学习鲜活的案例，在阅读中不断思考、寻找案例之间的联结点，进而内化升华，这对于教育教学工作的开展大有裨益。

还记得有一次，我正为有个学生"软硬不吃"而愁眉不展，顺手翻开了《今天怎样做老师——点评100个教育案例》，竟然发现其中某个案例与现在我所面临的难题有几分相似。我细细看来，觉得其中的处理方式很有借鉴意义，便根据眼前的实际情况，经过几番改造，想出了转化这个学生切实可行的"几步走"。果然，这个学生的状况有所改变！就这样，我逐渐养成了阅读教育案例的习惯，胸中也积累了许多富有教育艺术的案例，每每郁结于胸，我便试着发现是否有可用之法，在诸次奏效后我便肯定"心中有爱"、"胸中有墨"是我为师的两件武器。

"春播桃李三千圃，秋来硕果满神州。"成功的教师必须有成功的思想和行动，今天的教师仅有良好的师德是不够的，仅靠燃烧激情用爱去点亮学生的心灵也是不够的，还要"胸中有墨"，在案例中且行且思，踩着前人的足迹不断前进。

（徐喜春　广东省广州市番禺区钟村中学）

第二章 守望精神家园

有一种素养，叫信仰

一天晚上，我乘坐76路公共汽车回家，途中上来一位小伙子，年龄大约20岁，面目清秀，戴着一副眼镜，背着一个公文包，看上去像是一位蓝领。

他紧挨着我落座后，从包中拿出了一本书，突然问我："你看过《圣经》吗？"

我一愣，不敢亮明自己的身份，违心地答道："没有。"

出乎意料，他一边翻开书，一边对我说："《圣经》是一本很好的书。我信仰基督教，上帝是无所不在的。"

"是吗？你的《圣经》是什么版本的？"我寒暄道。

他想不到我会问此问题，朝我看了一眼，一时语塞，翻看着《圣经》。

我又问："你这本《圣经》是《新约全书》，还是《旧约全书》？"

他再次看了看我，不好意思地说："什么《新约全书》、《旧约全书》？我这是《圣经》。"

我见他回答不出，只好提出了一个具体的问题："你是什么时候开始信仰上帝的？"

"去年。"他很干脆地回答道。

"你是因为什么而信仰上帝的呢？"

"因为什么并不重要，只是信仰上帝后，我看到了一片光明。"

我见他不愿回答信仰上帝的原因，便问道："哦！你信仰基督教的什么教派？"

"我信仰耶稣。"

我继续追问道："不！我是问你，你信仰的是天主教、东正教，还是什么？"

"基督教就是基督教。上帝就在你身边，只要你相信上帝，向上帝发出请求，上帝就会帮助你！真的。"他回答道。

"你不能强求每一个人都来信仰上帝啊！人应当有信仰，信教只不过是一种信仰。你可以信仰，但不能要求我也信仰吧！"

"我不是强迫你去信仰，我相信你要是信仰上帝，就会感觉到上帝的存在。"

"你现在感觉到上帝的存在了吗？上帝在哪儿？"

"上帝就在我们身边，上帝是无所不在、无所不能的。"

至此，我只有沉默，没有继续我们的谈话。小伙子见我不说话了，独自翻看着《圣经》，还不时用一把玻璃小尺压着书，并用笔在书上的重要文字下面画着线。

也许是教师的职业敏感，直至今日，我总是难以忘怀车上的这次偶遇。从这个小青年身上，我看到的是当代青年的信仰问题，想到的是教育（不仅仅是学校教育）的责任。

所谓信仰，是指人们对某种事物或思想、主张、主义极度推崇和信服并把它奉为自己的精神寄托和行为准则，即不完美者对于完美境界的憧憬和追求，是人类特有的一种精神活动。信仰就是一种内心的光，它照亮一个人的人生之路。人不能没有信仰，有信仰比没有信仰好，这种信仰不是痴迷于宗教，更不是沉迷于邪教。

在多元化的社会里，我们不能强求人们都信仰马克思主义。我国实行宗教信仰自由的政策，人们可以信仰宗教。但是，如果我们培养出来的青年盲目信仰宗教，这不能不说是教育的悲哀。

　　正确的世界观、人生观和价值观，对人生道路的选择具有重要的导向作用。像这位小伙子，见缝插针地阅读《圣经》而不知《圣经》有什么版本，也不知《新约全书》和《旧约全书》；虔诚信仰基督教，却不知基督教的教派。他的内心深处只有一种信仰："上帝就在我们身边，上帝是无所不在、无所不能的。"这种信仰也许可以用一个词来概括——"盲目"！也许我对他乃至其他宗教信徒的要求太高，但这种现象不得不引起我们教育者的深思。只愿他能从《圣经》中汲取积极的营养，让爱充满他的心间，让爱充满世界！

　　当下，经济、科技快速发展，人们更需要的是精神的充实。那么，应当用什么样的世界观、人生观和价值观来武装人们的头脑呢？对"草根"的宗教信仰，绝对不能再来一场"文化大革命"，也不能简单地像尼采那样振臂高呼"上帝死了"，也许我们应当更多地关注人性的根基（善）、文化的土壤，以及社会的和谐等。

　　我认为，信仰什么是人之自由，不可强求一律，但切不可盲目和盲从，更不能丧失人性之根本。我们尊重人们信仰的多元化，并不意味着信仰没有正确与错误之分。青年可以信仰宗教，但这种信仰理应是从宗教中汲取积极的人生元素，学会修身养性，学会严于律己，学会宽以待人，而不应当是将自己的一切寄托于上帝或某种神。

　　做一个信徒并不一定就有信仰，真正有信仰不在于相信上帝、真主、佛祖或别的什么神，而在于人生应当有某种崇高的追求。两千四百多年前，苏格拉底并不信神，但他有着自己坚定的信仰——热爱智慧，用理性省察生活，他甚至为了坚守这一信仰而献出了自己宝贵的生命。苏格拉底是一个真正的有信仰者。

人的信仰既是自我修为的结果，又是教育影响的结果。教师的信仰将会影响一代又一代的青年学子。因此，作为思想先行者的教师，应当塑造自己完美的信仰体系，为学生的信仰教育树立榜样，并引导学生树立高远而坚定的信仰。

高远而坚定的信仰，是教师的一种素养。教师要具备这种素养，首先就要认识信仰，明白以下道理：信仰建立于理性之上，与迷信完全是两回事；信仰包含宗教信仰，且远大于宗教信仰；信仰有真伪、高低、积极与消极之分；信仰是一种向导，是心灵的归宿，建立积极信仰对个人、社会的健康发展具有重要意义。

信仰，不只是一种"憧憬"，更需要在实践中自觉地塑造与树立。作为教师，我们理应塑造或树立以下三个方面的信仰：

一、坚定的教育信仰

选择了教师这一职业，自然应有"敬业爱生"的职业信仰，也就是"教书育人"的教育信仰。

教育是唤醒、激励人的事业。苏霍姆林斯基曾宣称："我的教育信仰在于使人去为他人做好事，并发自内心深处去做，在于建造自我。"教人成人就要引导人理解、创造人的价值，以培养学生成为一个好公民。陶行知先生的"千教万教教人求真，千学万学学做真人"的教诲真是哲人睿语啊！

教书育人，不是一个空洞的口号，而是要求我们教师既要行"为天地立心，为生民立命，为往圣继绝学，为万世开太平"之天职，又要明"提高人的精神境界"之天理，还要授"人生的意义在于觉解"之天机，以及铺"言语道断，心行路绝"之天路，成为学生健康成长的指导者和引路人。

"曾经沧海难为水，除却巫山不是云。"沧海水，天下水之大也；巫山云，天下云之美也。见过沧海水、看过巫山云的人，不再以其他地方的水和云为美,我最爱的是心仪的"这一个"。既然选择了教师职业,就不能在波澜壮阔的沧海之滨坐以待毙,不能在云雾妖娆的巫山之下望而却步。我们只有自觉、积极、主动,有所为,才能成为一个深受学生欢迎的好教师,才能以自己的思想与行为感染和引导学生。

二、健康的精神信仰

信仰是人的一种精神追求,它存在于人的心灵深处,外化于人的价值取向和行为。信仰对人的行为有巨大的导向、鼓舞和激励作用。在社会主义市场经济条件下,有的人片面地追求物质利益,丢掉了健康的精神信仰。真正的人生不应是物欲横流、纸醉金迷,而应当有一种健康的精神信仰,把灵魂解救出名与利的囹圄。

一个人若没有健康的精神信仰,就不会有充实感和归属感,就有可能导致对欲望和行动的不加约束和恣意妄为,甚至出现诚信缺失、道德滑坡等丑陋现象。没有精神信仰,就难有个人幸福。如果说一个人没有信仰是可怜的,那么,一个民族没有信仰无疑是可怕的。而一个民族的信仰正是由无数个体的信仰构成的。教师是社会文明的传播者与践行者,也是社会文明的先行者,理应具有健康的精神信仰。如果我们一味地追求物质享受,追求到最后就会只剩下钱之魅影,就会丧失应有之精神。

教师的精神信仰要找到一种合适的形式,但它绝不是宗教。爱,何尝不是一种信仰?热爱教育事业,热爱莘莘学子,何尝不是一种信仰?从某种意义上讲,为师的精神信仰也许就是职业良心与使命感。生命与良心同在,应是为师的伦理底线;生命与使命同行,应是为师的理想境界。生命因为有了良心和使命而更加厚重,我们的良心和使命因为注入了生命的活力而生机勃勃。

人们常说："父辈留忠骨，晚辈长精神。"作为教师，不能留给学生千金万金，但可以引导学生构建一个完整的人格。我们要用情感激励情感，用心灵叩击心灵，引导学生形成健康的科学素养和人文情怀，做一个拥有浩然正气的"大写的人"。

三、崇高的社会信仰

有人认为，经济危机的本质是信仰危机，而中国正处在精神缺失的信仰危机之中。可能这一判断有点危言耸听，但它足以说明树立崇高的社会信仰的重要性和紧迫性。

我们每一个人都是社会的人，都应树立崇高的社会信仰。鲁迅先生曾说："唯有民魂是值得宝贵的，唯有他发扬起来，中国才有真进步。"只有我们每一个人都挺起自己的脊梁，树立崇高的社会信仰，我们的社会才会充满友善，我们的社会才会走向和谐。

作为中华民族的一员，我们理应树立中华民族的共同理想，为建设和发展中国特色社会主义而努力，更应树立崇高的社会理想，为实现共产主义社会制度而奋斗。在这里，我们或许能获得人生的启迪与生活的智慧，赢得精神的充盈与心灵的宁静，创造中华民族的未来与辉煌。

信仰，犹如茫茫大海中的灯塔，能指引我们人生旅程中前进的航向。我只愿每一个人少一点盲目崇拜，多一点清醒和理性，真正确立值得自己终生为之奋斗的高远信仰！

信仰是一种行为，只有实践时才有意义。让我们既仰望星空，又脚踏实地，为迈进自己的精神家园而寻找到一条合适的路！

（胡兴松　深圳大学师范学院附属中学）

职业幸福：精神家园的追寻与守望

工作的前6年，我见诸报刊的文章为零。那时，我把主要精力放在研究教材、教法和学生上，总认为写文章不是一件容易的事，那是专家的事，教师能把书教好就不错了。8年后，目送着一批批学生毕业，面对已经取得的教育教学成绩，我曾沾沾自喜。但喜过之后，我又有点困惑、迷茫。忙碌、烦琐的工作中的"高原现象"常常使我反思：要更上一层楼该从什么地方突破呢？为什么不能写点东西呢？于是，工作之余，我将工作8年的一些经验、感悟写成小文章，几年来先后发表了30多篇。

今天，对我而言，发表文章的那份功利之心早已消弭，发表与否并不重要。但是，参与教育科研的那份激情却与日俱增，不为别的，只为教海弄潮的奋力一搏，在求索中汲取成长的力量，做一名具备独立思考精神的践行者与思想者。此时，我不由得想起艾青的那句诗："为什么我的眼里常含泪水？因为我对这土地爱得深沉。"

然而，当前大多数中小学教师的工作繁杂而又重复。繁重的教学任务，不停的调研测试，过度的社会期待，现实的职评、考核等，加重了教师的心理负荷，造成很多教师身心疲惫，处于亚健康状态。这种忽略生命意义、单调机械的生存方式，很可能会带来教育信仰的荒芜，使广大教育工作者缺失对自身价值的热切拥抱，丢失专业成长的能力创造，丧失对教育本真的终极追求。

那么，在理想和现实之间，我们是妥协还是突围？

一、重塑教育理想，促进专业发展

教育神圣，需要有教育理想的教师。然而，当今教育正在经历着一场严重的"信仰危机"，诸多的弊端和羁绊确实阻碍了教师专业化的步伐。不可否认，踏上教师专业化成长道路的仍然局限于整个教师群体中为数不多的"精英分子"，愈来愈呈现出"贵族化"的倾向。工作和生活的压力使得众多教师没有多少耐心去理会专业发展这些似乎不可企及的口号，认为教育科研高不可攀，专业发展事不关己。于是把目光投向有偿家教，或转行跳槽，或徘徊不前，甘于平庸，糊里糊涂做教师。

纵观我们的教育，无论宏观还是微观上，都存在着这样或那样的问题，可能我们是"一介草民"，"人微言轻"，无法改变教育大局，但是教育的发展要靠一个个活生生的个体来努力，这也是一个教师的文化责任和对自己肩负的历史使命的高度自觉。我们可能无法改变大的气候和环境，但是可以通过我们的努力来改善"微循环"，增强教育机能，强健教育肌体。

教育之路充满艰辛，任重而道远。我们的教师应有一种理想主义的教育情怀。尽管在社会转型过程中，许多人价值错位、理想缺失、信仰危机，但我们要坚守人类的核心价值，坚守人类的崇高精神，坚守自身的人格独立和精神自由，始终保持反省意识、批判精神、对社会问题的强烈责任感以及敢于担当的勇气。在我们的教育实践和社会生活中，这种教育情怀时常表现为对自身教育教学的深刻反省，对教育现实的深入批评，对应试教育的适度对抗，对教育理想的执著坚守，对转型时期教师尴尬命运的勇敢担当。

其实，论文发表、公开课获奖这些都是外在的东西，重要的是，通过专业发展坚定教育信仰，把教育理念转化到自己的教育行为中并贯彻始终。朱永新在《我心中的理想教师》中说："作为一个教育家，作为一个理想教师，他应该非常关注社会，非常关注人类命运。""我希望我们的教师，应该认真关注外面的世界。"我想这种关注应该是信仰使然，也许并非每一个教师都能成为这种理想的教师，也许我们永远成不了教育家，我们"只需要一颗忠诚、明敏的心，只需要我们对那些视而不见、习以为常的事物进行批判性的审视，只需要我们不断咀嚼、反复琢磨、再三玩味那些理所当然、天经地义的常规和说辞，只需要我们试图去改变那些貌似合理的历来如此、大多如此的想法和做法，哪怕是一点点"。（肖川语）心存高远，就会远离横流的物欲，远离喧嚣和浮躁；志在未来，就会摒弃肤浅，摆脱平庸；立足课堂，就不会迷失方向，正确定位。

二、生成教育智慧，探索教育真谛

目前，不管是各级职称的评定还是骨干教师、学科带头人甚至特级教师、正高的评选，都有公开课和论文发表这两项必备条件。公开课一般要求大市级或省级以上的，这样的机会对多数普通教师而言微乎其微，多数教师也许一辈子都不可能上一堂省级公开课。论文一般要求在省级以上教育教学刊物上发表，多数普通教师望而生畏。

的确，按照主管部门的规定，要晋升高一级职称，必须具有能够反映学术水平的论文。有的地方还出台了更为具体明确的要求，比如发表在什么级别、层次的刊物上，在职称评定中可以算多少分，权重是多少。尽管人们对此诟病多多，但是，主管部门的要求一点也没有松动，他们的坚持，恐怕也有一定的道理。

教学的最高境界是科研，教师必须有较强的教学科研能力。但是，对一个学校或一个教师而言，教育科研一旦成为一种追求地位、声誉、利益的手段，乃至关系荣辱、命运的事情——即过强的功利性，必然会限制和阻碍人们的思考，并极大地影响教育的质量及教育者的智慧状态。古人说的"宁静致远"，就深刻地揭示了智慧生成之道。只有在远离功利的背景下，把握住科研的正确方向，用一颗平常心来从事教育科研，教育科研才会成为提升教师教育智慧的重要途径，并且成为教师专业成长的强大内驱力。我们应固守着这块热土，探索教育真谛，反思教学实践，因为真正的好文章正是对自己教育教学实践的最真实的反思！

教师运用自己的教育智慧，让师生在主动参与中成长，在独立探索中起飞，在自主发展中成熟；教师享受着职业的幸福，从生计的驱使向生命的自由提升，任思绪在教育的天地里自由翱翔，用热情体验生命的律动，展示富有个性的教学风格，创造悦志悦神的教育智慧境界，与学生共度灿烂人生。

三、追寻职业幸福，升华人生尊严

自古以来，教师在我国受到格外的尊崇。而今，教师更是被贴上了诸多令人肃然起敬的"标签"——"蜡炬"、"春蚕"、"人类灵魂的工程师"。由此，无论是作为一种职业的符号还是文化的标志，我们的教师都被社会附加了太多额外的光环与荣耀。于是乎，在"学高为师，身正为范"的名义下，我们的教师被要求是不能有个性的"贤人"、不能犯错误的"完人"、无所不知和无所不能的"圣人"。这种救世主情结完全把我们的教师推上了"神坛"，教师职业符号的神圣化，寄予了社会太高的要求与期待。

教师往往扮演的是悲情诉苦的道德楷模，尤其是带有悲剧色彩的"蜡炬"、"春蚕"，以牺牲自己为前提来谋他人之幸福，却鲜有教师自身美丽人生的幸福体验，其人性界面上的本真生活遭受着前所未有的压抑与排挤。社会大众一味要求教师无私奉献、倾情付出，却忽视其劳动付出与实际地位、物质报酬间的矛盾，甚至漠视教师的情感需求，这种强烈的、单向度的剥夺与索取必然导致教师职业角色的断裂与失衡，从而导致教师自我认知的偏差和对道德目标的漠视，更在无形中放大了教师职业的崇高形象"设定"带来的消极心理感受。

令人欣慰的是，新课程理念把教师从"蜡炬"、"春蚕"的价值观中解放了出来，把人的培养而不是知识的灌输看做教育的终极目标，这改变了教师对职业的感受、对人生的体验。当教师致力于"提高人的生命质量"时，会发现自己也变得日渐完美起来，在人的培养、对完整人生追寻与创造的同时，自我生命增添了发现和成功的喜悦，实现了个人的价值。师生共同成长，实现职业价值和生命价值的和谐统一，生命与使命同行，提升了人生的境界。

我们的教育实践，使学生学会如何幸福地生活，学会通过坚韧不拔的努力获得幸福的生活，学会把个人的幸福与国家民族的进步有机结合起来。因此，我们追捧的不仅仅是一张张高一级学校的录取通知书，更要塑造出一个个既有坚定的理想信念，又有鲜明个性的活生生的人；我们追捧的不仅仅是高升学率，更要实现每个学生的生动活泼的发展；我们追捧的不仅仅是汇报时沉甸甸的总结、评比时一组组的数据，更要造就具有优秀素质的未来公民和民族脊梁。

倘若我们教师都感受不到职业的尊严和快乐，都体会不到角色的澄明与敞亮，还遑论什么教师职业的幸福，还奢谈什么教育事业的崇高？因此，做一名幸福的教师，不是教师的自我鼓励和慰藉，而是教育发展的形势要求。有人说，教育的理想和梦想是天使，而教育的现实与困境是魔鬼。做一个有理想、有信念的幸福教师多么难啊！那就让我们去挖掘"教师"这个职业无法替代的尊严、快乐和价值，追寻师生共同成长的幸福，感受教育生活的尊严，共同坚守我们圣洁的精神家园！

我们无法回避教师这一职业简单重复的特点，沉重的工作任务可能会使我们很多人的激情被淹没，思想麻木和漠然，遭遇职业倦怠。但作为教师，我们不应只像"蜡炬"、"春蚕"一样来毁灭自己，成就他人，从而获取畸形的心理满足；也不应仅仅靠升学率等"教育的GDP"来炫耀自己的职业成就，而应在成就学生的同时成就我们自身。那么，教育科研恰恰就是点燃我们激情的火种，激活我们思想的电光，让我们在简单重复的辛劳中，体会新鲜的刺激和创造的快感，提升教师的生命价值，体验教师职业的幸福与尊严。

我思，故我在；我行，故我在；我研，故我在。教育科研，不是作为职称晋升和职业回报的敲门砖，而是为了专业发展、事业发展和提升职业幸福指数，这是一个境界的升华。教育科研不应是名利场里长出的狗尾草，而应是教育田野里绽放的希望之花！

据说能到达金字塔顶尖的只有两种动物：鹰和蜗牛。相伴教育科研，我获得了成长的力量，听到了生命拔节的声音……道不远人，我坚信，蜗牛也能"把信送给加西亚"！

（张颖　江苏省淮北中学）

坚守就有希望

记得一位教育家说过：没有什么比培养一群孩子成才，更幸福的了。二十多年的教师生涯让我体验到了它的真谛。

1987年毕业后我被分配到一所区属的普通高中，这所学校在诸多高中里名不见经传，且偏居一隅——处在车市、狗市、破烂市当中。最初通向这里的巷道崎岖不平，每天到校都会把人弄得"晴天一身土，雨天一脚泥"。不仅如此，这里的学生大部分来自偏远的郊区或贫困家庭，成绩低于其他学校几十分，有的甚至达几百分，而且他们的自我约束能力极差，有的还沾染了社会不良习气，这些学生对自己的前途不抱希望，家长对他们也丧失了信心。在我们当地人的眼里，这个学校就是高考的不毛之地，学生到了这里再也没有什么前途可言了。

我，就是在这所学校开始了自己的教师生涯。两年后，又开始了我的当班主任之旅。记得开学的第一天，一位家长便无奈地对我说："老师，不瞒你说，我的儿子在初中毕业前的两个月内打了三次架，就快'进去了'，在您这儿，他能学到什么算什么吧，只要这三年不打架惹事，将来能混个毕业证就行了。"听了这番话，我的心酸了，这就是家长的要求？这就是我工作的起点？作为教师，我怎忍心看到一朵蓓蕾尚未开放就在暗夜中死去，我又怎能甘心自己的教师生涯是这样的结局！不，我不甘心，我要在这里制造一片净土，创造出一个"愚公移山"

的奇迹!

我对"严师出高徒"深信不疑,于是我对班级的学生予以严格的要求和规范的管理,我提出"别的班能做到的,我们要坚决做到,别的班不能做到的,我们也一定能做到"。要求一提出我就遇到了挑战,一名学生入校第一天就对学校的要求公然挑衅,对同学也是张口就骂,大有唯我独尊之势。对于这样的学生,我认为如果任其横行,就是对学校教育的无形亵渎,也是对善良守纪的学生的残忍与不公。因此,对这种嚣张行为我没有迁就,而是勇敢地接受挑战,我坚信邪不压正,正必胜邪!我在班级对这名学生予以坚决回击,使他被迫做了检讨。但他仍处于抗拒状态,我坚信他是能变好的,一边跟他作斗争,一边耐心细致地做工作。他每次无故逃课,都会被我追回来,对我的做法他忍受不了了,扬言要报复我。这时,我便义正词严、掷地有声地对他说:"为了维护校纪校规,让全班同学有个良好的学习氛围,我不惜'以身殉职'!"在我正气凛然的威慑下,他终于认识到了自己的错误,走上了正确的轨道。

有人把学生比喻为一棵小树,要想让小树成材,就得经常对其进行修剪;如果小树被大风刮歪,就要把它扶正并进行加固,这样才能使小树茁壮成长。对学生的"修剪"和"扶正",就是严格要求学生,也只有严格要求,才能使那些尚未分清是非标准的学生认识到什么是该做的,什么是不该做的。但我也深知,如果没有爱就不是真正的教育!当学生身处逆境时,教师伸出援助之手,会使他感受温暖、增添力量,从而迎来美好的明天。学生小强的父亲不幸遇车祸去世,家里无力供他上学,他在周记中向我倾诉了家里的变故,并表达了准备去打工的想法。看完周记后,我的心情久久不能平静,我想此时我应该帮助他渡过难关!于是我找到校长,含泪反映了小强家的情况,请求学校挽留这名学生，校长被我的真情打动，破例允许小强同学一边打工（隔天上夜班），一边坚持上学，并免除了他的学费。那段日子里，每当看到他疲倦的样子，我就及时进行鼓励，并且请求任课教师适时给他补上落下的课程。他由于营养不良而身体虚弱，有时我给他买来可口的饭菜。高三的时候他顺利地通过了会考，完成了高中的学业。当年他顺利地通过了飞行员的体检，成功地考取了中国人民解放军空军飞行学院，成为一名翱翔蓝天的忠诚卫士。他在临行前给学校的感谢信中写道："没有老师的关爱，没有学校的资助，就不会有我的今天，是老师和学校的爱才使我有了光明的前程！今后，我会在军营里努力学习，刻苦训练，以过硬的本领报效祖国，报答恩师和母校的辛勤培养！"

我虽然是在普通高中，但并不满足于只让学生得到个高中毕业证，我想将他们培养成才，愿他们有更美好的前程！因此，我执著地坚守着这片贫瘠的土地，并且对她充满着希望。

经过三年的坚守，我们班有三名同学考上了大学，让学校实现了高考零的突破，我们班也成为学校一道与众不同的"风景"。

坚冰已经打开，新的航船就要起航，我又满怀信心地踏上了新的征程。

新学期开学，我又迎来了新一届同学，我要让学生懂得"我们的学校不是高考的不毛之地，而是一片通往希望的绿洲"。面对新的学生，我制定了更高的目标，开学之初，召开班会，邀请上届优秀毕业生现身说法，介绍他们对高中生活的体会，谈如何更好地度过高中生活。随后，我又将高校招生计划发给学生，让他们提前填报志愿，锁定高中阶段的奋斗目标。有了奋斗的方向，我因势利导地带领着他们开始了从基础学起，从逐步改变不良习惯做起的"愚公移山"的历程。当学生松懈时，我有针对性地为学生读一些励志的文章，激励他们振作起来，鼓起勇气面对学习中的困难，唤起对前途的憧憬。同时，我还布置学习内容：考单词、背公式、练习钢楷、写周记。我总是利用一切时机，有计划地推进他们的学习。学生的英语普遍较差，为了激励他们，我坚持深入英语课堂听课，和他们一起战胜这个"敌人"。而对于文科生的"老大难"——数理化学科，我与任课老师密切配合，做好学生的"劝学"工作。因此，班级会考通过率、优秀率明显高于其他班级。"学如春起之苗，不见其增，日有所长"，慢慢地，同学们掌握的知识多了，学习习惯也在逐步养成，成绩也在不知不觉中得到提高。

中学生思维活跃，易于接受新事物，情绪也容易波动。我发现让学生写周记是一个十分有效的办法。这样，既能了解学生的心理，把握他们的思想脉搏，又让班级管理更加有的放矢。在周记中，我体会到他们生活中的喜怒哀乐，他们有一个个渴望被理解、求知上进的精神世界。有一个同学每次写周记只写两三行字，虽然字少但流露出自暴自弃的思想，在与他谈心的过程中，他坦诚地告诉我他那不堪回首的过往。原来他中考没有成绩（没资格参加中考），学校考试他各科总成绩100多分，平时没有养成良好的学习习惯，现在学习起来十分吃力。在我给他的批语中，鼓励的话要比他写的周记多得多！目的是让他相信自己能够完成高中学业，让他下定决心坚持学下去。渐渐地，他的周记字数多了起来，三年的学习坚持了下来，成绩也赶上来了，高考得了335分。我把批改周记当成了解学生思想的一个重要渠道，我批改学生周记数万次，写下的批语达十几万字之多。许多同学至今都珍藏着见证我们共同成长并写下心路历程的周记本，把它作为高中阶段的一笔宝贵的精神财富。

又一个三年过去了，高考成绩公布时，我班四十一名考生，超过省录取线的有三十三名。这一夜我失眠了，当学生和家长把大红的感谢信贴在学校和区政府门前时，当我在同学和家长的簇拥下走上领奖台时，我想起了魏书生老师的话："在我们的生活中，有真善美，也有假恶丑，我们应该在学生的心田里，铺一块意志的砖，架起一座情感的桥，帮助他们在心灵上筑起一道辨别是非的长城。"

是啊，我用不懈的坚守铺就了学生的成长之路，续写了太阳底下最崇高职业的辉煌。

（崔朵华　黑龙江省齐齐哈尔市第八中学）

坚守中的苦与乐

人们都说教研员是"老师的老师"、教师专业成长的"促进者"、学科专业的"领头人"、学科的"专家"……我仰望星空，脚踏大地，朝着这些目标而努力。只要我的想法、做法能促进教育教学工作的改进，促进教师专业水平的提高，有利于学生的长远发展，无论遇到多大的困难，我都一直坚守着。现采撷三件事，与同行分享我坚守中的苦与乐。

鼓励同事上引领课

2009年秋，汽车区教育局开展第二届研究型教研员评选，评选的一个环节是：自选内容，面对学生，上15分钟的微型课。参评的教研员是一位很朴实、很有实力，但又非常不自信的人，因此，从选什么课型到怎样设计课，都处于矛盾中。她工作纠结时，常对我倾诉，可能是因为我当教研员时间久，可能是因为我是特级教师，也可能两个原因都有吧。

这次也不例外。她一直为上什么类型的课而纠结。如果是上新授课和复习课，觉得没有什么成熟的想法；如果是上实验课，又觉得很冒险。我劝她说："上实验课吧，你不是正在做'提高物理实验课有效性的行动研究'吗，正好做个阶段成果总结和汇报。"可是过了几天她又对我说："我问我们学科××了（一位非常有经验的老教师），××说实验课就是做实验，没什么可讲的。不能上实验课,实验课没亮点。"我说:"什么是亮点?××说的亮点是不是指精美的课件、华丽的语言、热闹的看点?我觉得真正的亮点在于你的教育教学思想,在于课堂的生成。教研员上课可以不成功,但不能没有思想。你强调物理教师要重视实验课,要提高实验课的实效,这就是亮点。另外,你以身示范实验课怎样上,也是亮点。"在我的一再鼓励下,她终于决定上实验课了。她说:"我们的学习内容是'滑轮',就这个内容,我应该怎样上呢?"我说:"新课程不是提倡自主学习、合作学习、探究性学习吗?你就采用其中的学习方式。"她又说:"五六年没上课了,这么开放的课怕把握不好。评不上研究型教研员倒没什么,如果上砸了,在同事和学科老师面前多丢人啊!"我用政治课上的大道理鼓励她:"改革是摸着石头过河,可能不成功,但不能因此就不改革。在课上,你把你的想法表达出来就可以了。"

上课那天,她直接点题后,介绍了实验设备和实验要求,更多的时间是让两名同学一组动手操作两个"滑轮"的链接,她在学生中穿插着个别指导。下课前,请几组同学介绍滑轮的链接方法,她在黑板上画示意图,边画示意图边指导、点拨、纠正。这样,没用教师手把手地教,学生探究出了四种链接方法。这堂课,使她"骨感"的教研成果变得"丰满而生动"。

评选结果公布时,看到她的课得到了同行和评委们的肯定,我真的觉得前面拉锯式的思想工作做得值。自己的教育教学想法能通过他人的课堂教学体现出来,这是我作为教研员的最大快乐!

让学科教师主动申请重上研究课

2009年11月,实验学校青年读书会进行"教师提问有效性研究"。由于是思想品德学科的钱老师上课,所以我被邀请听她的《合理消费》一课。我用"教师提问有效性观察量表"做记录,量表包括:教师提的问题、问题的指向、问题的层次、提问的方式,提问停顿的时间,学生的回答、回答的方式,教师理答的方式。

上课伊始,钱老师用简短的语言点题,然后用PPT出示了这样一个问题:"家里给在外地上大学的学生每月800元生活费,你认为这800元怎样消费才是合理消费?"这是一个计划性、综合性很强的问题,但只停顿了几秒就叫学生回答,致使学生回答得很随意。虽然钱老师在学生回答时有一系列的追问,但提问和追问的次数过多、过散、过浅,导致课堂缺乏整体感,学生回答的问题思维含量低,教学效果不理想。通过研讨,教师们认识到:我们抱怨学生学得不好,抱怨课时紧,其中一个原因就是无效提问吞噬了有限的教学时间。通过诊断,教师们认识到出现问题的原因在于教学设计不合理。建议钱老师提出问题后,把学生分成几组,让每组设计消费方案,然后全班交流、讨论。因为在交流、讨论中,会有思维的碰撞,这样教学效果会更好。听了大家的分析和建议,钱老师在反思时说:"原来大家都说我的课好,我也自以为是,一直没有突破。今天大家给我提出了宝贵的建议,我准备在保留原来对话、追问风格的基础上,综合分析大家的建议,把这个课再上一次。到时候我一定注意提问的难度与给学生的思考时间之间的关系。"

很多学科教师不是一开始就像钱老师这样愿意接受课后交流的。我刚当教研员那会儿,听完课本想与老师交流,但有些老师上完课就"逃之夭夭"。尽管如此,我还是执著地坚持课后交流。如果是我一个人听课,课后就在走廊里、在教研组里与上课的老师个别交流;如果是区内研讨课,课后我就组织听课的老师一起交流。终于，教师们体验到了交流可以促进专业成长，于是，他们由上完课就跑转变为主动找我交流，请求多提些不足，主动申请再上一遍课。看到教师们对课后交流的态度转变和真真切切的成长，我将他们以前对我坚持课后交流的不接受、不理解抛之脑后，心中溢满的是职业的幸福！

"这道题就这么定了，有问题我负责"

2010年寒假，市教研室的领导让我带几名学科教师做长春市的《课程学习评价指导手册》，即"考纲"。在研讨例卷中的一道题时，我与这几名学科教师产生了分歧。这道题的材料是：2009年10月22日，长春市"万人评议机关"活动正式启动。活动组织万名以上各界代表，对政府机关、党群机关、人大机关、政协机关、法检机关等进行评议，以切实解决领导机关和领导干部党性党风党纪等方面存在的突出问题。第一问是："万人评议机关"是在提醒政府机关工作人员怎样开展工作？参考答案是：依法行政。我在审查时对这道题的感受是：材料好，好在材料新、地域性强、时政性强、引导性强，但设问需要修改，给的参考答案不全。于是，我把设问改为"这项活动有利于促进政府机关工作人员怎样开展工作"。因为"万人评议机关"是材料中的关键词，如果把材料中的关键词放在设问中，学生不看材料就能直接作答，这样就没发挥材料的作用。参考答案我给了三个——依法行政，爱国守法（或敬业奉献），认真负责，并在括号中注明从法律、道德、责任任意一个角度作答都可以，答案符合题意即可。老师们对我给的参考答案没有异议，但认为这三个答案很难，主张在设问中巧妙地加进教材的原话，让学生一看就知道答案是依法行政。我坚持我的修改，理由是：从一个角度作答难于从三个角度作答；只要求学生从一个角度作答，束缚学生的思维；试题应该引导学生运用所学知识分析问题、说明问题，而不是考教材。于是，我们展开了激烈的辩论。当老师们不接受我的观点时，我刚愎自用地说："这道题就这么定了，有问题我负责。"

多年来，我与学科教师在命题上的分歧主要表现在：我注重阅读，注重思维含量，允许学生从多角度作答；而他们出于对学生成绩的担心，更喜欢不用阅读材料，一看问题就知道答案在教材的什么位置的试题。我之所以一直坚持我的观点，是因为我认为：阅读试题材料的过程是对学生进行宣传教育的过程；需要动脑才能作答的设问有利于提高学生的思维品质；设置开放性的答案就是在肯定、引导学生从多角度解决问题；需要阅读和思考才能作答的试题有利于学生升入高中后尽快适应高中的学习（据学生和高中的教师反映，学生升入高中后需用半年时间才会作答阅读量大、综合性强、思维含量高的政治试题）；我的命题思想有利于学生的终身发展，也是在推进新课程的实施。

2011年，长春市教育局某职能部门的领导强调："再也不能出一看就知道答案的题了，一定要增加试题的思维含量。"这为我们指明了中考方向，我在今后命题的路上不会再举步维艰了。

（李兰英　吉林省长春汽车经济技术开发区教师进修学校）

在守望中执著地前行

自 2006 年秋，浙江省高中实行新课程改革，一路走来，收获颇多，争议颇多，感受颇多。新课程改革对全体教育工作者特别是一线教师提出了更高的要求，新的课程标准、新的教材，需要新的教育理念、新的教学原则、新的教学方法来支撑。学生是学习的主体，教师是学生学习过程中的引导者，教师要成为研究者、专家和名师。因此，和众多教师一样，尽管自己教龄不短，但时常感到教学改革带来的种种压力和困惑。如何在这场"蜕变"中从容突围，来一个完美的转身，以适应新课程，改革是摆在我们青年教师面前一个刻不容缓的问题。我们是继续做旧的教学模式的坚定守望者，还是做新课程园地的开拓者和耕耘者？答案是明确的，我们不仅要坚守，更要开拓进取，不断创新。

一、要有良好的心态和坚定的职业操守

心态，是人们面对事物的一种心理态度。新课程改革冲击着每一位教育工作者的心灵，由于各自的情况不同，他们对此有不同的心态。新课程改革是发展中的教学改革，对大多数教师来说，并不是对既有教学风格的全盘否定，而是继承中的扬弃。因此，我们应用平常心去面对，充满自信地去面对，给予更多的关注、思考和行动。应该变"焦虑"为"坦然"，既来

之,则安之;变"观望"为"应对",心动不如马上行动,要走在别人面前;变"服老"为"成长",只要不轻言放弃,一定会创造新的辉煌。

孔子曰:"不能正其身,如正人何?"教书是一种谋生手段,但更要把它当做一生的事业去追求,树立职业归属感和荣耀感,毫无私心杂念地投身其中,以教书育人为崇高的职责,并在其中享受人生的乐趣。我们要以自己的真诚去换取学生的真诚,以自己的正直去构筑学生的正直,以自己的纯洁去塑造学生的纯洁,以自己人性的美好去描绘学生人性的美好,以自己高尚的品德去培养学生高尚的品德。教师的道德品质起着非常重要的作用,他在课堂内外的社会生活和个人生活中的全部言行,都会给学生带来影响。面对复杂多变的社会形势,人们的道德观念特别是价值观念也在不断地发生变化。作为一名青年教师,要时时坚持自己的职业操守,处处以身作则,为人师表,真正做到"捧着一颗心来,不带半根草去"。

二、要有扎实的知识结构和独特的教学风格

在知识经济时代,教师的专业知识除了普通文化知识、学科专门知识和教育学科知识外,还应包括更高层次的主体知识和本学科的前沿知识。只有这样的教师,才能引导学生对多门学科知识进行有效的迁移和综合,真正做到对知识融会贯通,提高知识应用能力。所以,为适应新课程标准的要求,教师应不断充电,更新自己的专业知识。教师的专业知识越精深,讲课时越能高屋建瓴,深入浅出。

俗话说,"教学有法,教无定法",教师只有具备扎实过硬的教学基本功和驾驭课堂教学的能力,才能成为名副其实的学科带头人、骨干教师,撑起本学科的一片蓝天,形成独特的教

学风格，才能在各种教学场景中始终充满教育智慧和激情，善于启发、诱导学生。一些名教师在把学生带进"山重水复疑无路"的困境后，或抛砖引玉，或画龙点睛，使学生对问题心领神会，豁然开朗，最终带来"柳暗花明又一村"的效果，正是在长期的教学实践过程中不断打磨的结果。

三、要做好职业规划，并在不断反思中前行

美国心理学家波斯纳曾提出："如果一个教师仅仅满足于获得经验而不对经验进行深入的思考，那么，即使是有20年的教学经验，也许只是一年工作的20次重复，除非善于从经验反思中吸取教益，否则就不可能有什么改进，永远只能停留在一个新手型教师的水准上。"在新课程的教育教学实践中，我们需要不断地反思，寻找自己已有的经验、行为与新课程理念的差距，不断促进自我行为的改造和重塑。只有这样，教师才能不断获得改进教学实践的专业知识，真正达到"提高自己、成就学生"的效果。

在新课程背景下，教师应该通过何种途径实现自身专业发展呢？笔者认为，可以从以下几个方面进行努力：

1. 理念先行，重在行动。理念先行，我们要知道新课程的理念是什么。新课程理念是：教学不只是忠实地传递和接受课程的过程，而是课程创造与开发的过程。教学是教与学的交往、互动，师生相互交流、沟通，相互理解、启发，共同分享彼此的思考、见解和知识，从而达成共识，实现共进。为此，在教育教学过程中，我们应做到努力更新教学观念，创新教学理念和教学方法，确立新型的师生关系。教学方法要体现灵活性与开放性，可根据不同的教学内容、不同的教学目标、不同水平的学生，尝试选择一种或几种不同的教学方法，同时要把教学

的重心和立足点转移到引导学生主动"学"上来，培养学生敢于批判、勇于创新的精神和发现问题、分析问题、解决问题的勇气，积极实践"自主、合作、探究式学习"，营造平等、民主、和谐的教学氛围。

2. 注重专业的可持续发展。教师的专业成长虽然受教师所处环境的影响，但很大程度上取决于教师自己的心态和作为。因此，教师要做自己的主人，自觉地担负起自身专业发展的责任。作为青年教师，我们可以从专业成长的"着力点"——教学模仿开始，从观摩一些名教师的课开始，然后与教研组内的同行交流、切磋，从点滴的教学方法、教学细节到严谨的课堂结构，乃至独到的教学风格，慢慢积累、渗透、学习、打磨，最终形成自己的教学风格。

教师的日常工作是平凡的、琐碎的，若仅仅停留于此是难以做到可持续发展的，重视教育科研是教师成长的"支撑点"。教育科研是教师将教育素养转化为教学效果的中介和桥梁。一位成熟的教师应是研究型、专家型的教师。"学然后知不足，教然后知困"，教师应经常反思自己的教育教学行为，从教学主体、教学目的和教学工具等方面获得体验，并将其上升为理性认识，然后写出自己的所见、所闻、所思、所感，使自己不断成长。

3. 敢于挑战名师，进而成为名师。拿破仑有句名言："不想当将军的士兵不是好士兵。"通过学习一些名师的先进事迹我们不难发现，这些名师都具备一些共同的品质——有强烈的自信，注重实干。所以，我们青年教师首先要有成为名教师的决心和信心，志存高远才有可能成为这个行业的佼佼者。名师的成长过程也是自信力成长的过程。这种内在的驱动力会促使我们严格要求自己，对待任何工作，都要高标准地完成。

一个教师要成为名师，并不是轻而易举的，没有一二十年的摸爬滚打，恐怕不行。名师和所有教师一样，都承担着艰苦、繁重的工作任务，他们通过努力工作、精心备课、认真教学、积极钻研，取得长足的进步。对于能够施展自己才能的机会，他们是不会轻易放过的，如汇报课、公开课、论文征集、教案评比、业务进修等，都是他们成长的舞台。这既是一条艰辛的路，也是一条成功的路。任何一位名师，其成长的道路都是自己披荆斩棘开辟出来的，这也是一个个性化的过程。

（姚国明　浙江省余姚中学）

守住真诚做教育

一

2011年8月26日的《人民日报》上有一篇题为"今天,怎样讲好真话"的文章,内容耐人寻味。

所谓讲真话就是讲心里话,讲自己对客观现实的真实看法,讲自己愿意讲的话,讲自己认为不得不讲的话。

"列宁讲'说真话是我们的力量所在',而吹牛撒谎是道义上的灭亡,也势必引向事业上的失败。"

我认为,敢不敢讲真话,体现的是一种勇气;会不会讲真话,包含着一种技巧;而说的是不是真话,则要凭一个人的良心。

作为教育工作者,要把"学为人师,行为世范"作为自己一生的追求,对学生、对家长、对同事、对领导,我们需要显示彻底的真实,需要展现不加修饰的真诚,需要点到实处、说到关键,发自肺腑、有理有序地讲真话。

二

真诚与热爱是一对孪生兄弟,真诚服务于教育的人从来不会缺少对学生的关爱。然而,仅有爱完成不了教育的使命,教育的成功来自爱与智慧的完美结合。

智慧的积淀不是一蹴而就的,理想与现实的冲突也在所难免。但我想,无论做什么事,要么不做,要么做好。越是具有挑战性的事情，就越有它的乐趣。

一个真诚面对生活与事业的人，必然在言行上表现出自然坦荡、一往无前。因此，我们不妨把遇到冲突和挫折当成提升自己智慧的一次机会。

以诚处事则无事不克，以诚立业则无业不兴。如果你觉得一切不理想，请保持那份真诚与淡定。事在人为，一切都可以靠你自己来改变！

三

人来到这个世界必然要扮演多种角色，无论你担任哪一种角色，都应真诚地担当起一份责任。

精于教学是做教师的立身之本。你的课堂应该是一个快乐的天地，既让自己快乐，也让学生快乐，既要追求开心的过程，也要追求理想的结果。肖川教授在《教育的使命与责任》一书中告诉我们，看一堂课好不好，有一个非常直观的标准，那就是看学生快乐不快乐。"一个充满快乐的课堂不见得是一个优质的课堂，但令人疲惫、令人压抑、缺乏快乐的课堂一定不是好的课堂。"如果你在台上讲得痛不欲生，台下的人自然就生不如死。一位真诚的教育者，会关注学生现实生活中的欢乐与忧愁。

善于育人是做教师的基本素养。成绩不等于成功，学历不等于能力。高中生正处于成长的关键阶段，社会现实中各种思潮的激烈碰撞，容易使他们在价值取向上陷入迷茫。他们的成长虽然离不开"分数"，但更离不开道德品质的养成和综合能力的提升。此时的"传道"、"解惑"最能考验教育者的心智。教育的使命在于用生命开发生命，用生命感召生命，即使你遇到一个品行与学业均不理想的学生，也应该像医生对待病人一样，给予他一份真诚的关爱与鼓励。诚然，我们做不到父母对子女那种既毫无保留又毫无所求的"至诚",但我们完全可以凭借自己的职业操守,依靠自己的言传身教,为学生的人生之舟导航。若干年后,学生一般记不住你是怎样教他做题的,但他一定记得住你是如何教他做人的。

乐于进取是做教师的必然要求。鲁迅先生讲:"用秕谷来养青年,是决不会壮大的。"在社会巨变、知识激增的今天,青少年学生渴望从教诲自己的老师那里得到富有时代气息的新知识,因此,我们的教育需要流淌着时代的活水,体现出新的生命力。学海无涯,教无止境,一个真诚对待教育的人,必然是一个与时俱进,以迎接挑战、开拓进取为乐的人。

勇于反思是做教师的重要品质。反思是教育的生命,反思最能产生教育的智慧。它像一盏明灯,能引导我们走出陈腐和疲惫的泥潭,迎来"柳暗花明"的甜美与清新。著名思想家梁漱溟先生曾说,人类要依序解决人和物之间、人和人之间、人和自己内心之间的问题。我觉得最重要的是第三个问题,因为它需要一种真诚的境界,需要一种自我剖析的勇气。思维着的精神是地球上最美的花朵,作为教师,我们只有不断地反思,才会不断地发现,不断地完善,我们的教育才能逐渐具备一种深度、高度和大气。

四

世界上没有不为名利的超人,只有善待名利的智者。人不是生活在真空里,正常人的追求,都离不开名利。区别在于用什么样的手段,追求什么样的名利。

刻意回避名利其实是一种虚伪。真的到了生活没有一点烦恼,把世界上的一切都看透了的时候,人的生命也就走到了终点。

所以,你若说完全不在乎名利,我只能认为,这顶多算是一种谦卑。

正当的"名",意味着一种实力,它是一种认可,更是一份尊严。

不择手段追名逐利可耻,依靠真诚的劳动、实在的本领赢得尊重可敬。

教师的名利在哪里?我始终觉得,金杯银杯不如学生的口碑,金奖银奖不如家长的夸奖!

五

一个真诚的人,有时候可能会做出某种错事,抑或是傻事,但他绝不会做出对不起良心的事。因此,真诚的人生经历是一笔珍贵的资产,是无法用数字衡量的财富。它能磨砺一个人的意志,造就一个人的品格,增长一个人的才智,拓展一个人的胸怀。

人的一生,能够做自己喜欢做的事,干自己喜欢干的活,享受他人收获不到的快乐,无疑是一种幸福。这辈子,能够真诚、明白地做教师,对于我,则是一种幸运。

十四岁学泥瓦工、油漆匠,二十岁做生意,二十四岁开始当老师。回想起来,都很累,但今天的累,更有意义。因为,累得其所,乐在其中。

就像诗人柯蓝写的一样:

"我非常贫困,一无所有。我唯一的财富是我的真诚,我唯一的满足是我的真诚,我唯一的骄傲是我的真诚。

"因为有了真诚,我的头从不低下。因为有了真诚,我的眼光从不躲闪。我的真诚使我的一生没有悲哀,没有痛苦,没有悔恨。"

愿真诚的生命永远闪光!

(郑学明 广东省珠海市斗门区第一中学)

德育从教师开始

教师是人类灵魂的工程师，担负着教书育人、传播人类文明、培养合格人才、提高民族素质的重任。教师的知识水平、业务能力、思想道德、心理素质，直接影响到人才的质量与教育的效果。教师要想不愧于"人类灵魂的工程师"的光荣称号，就必须在人格塑造上勇于履行"以身立教，为人师表"的道德要求，切实从自身做起，搞好德育。

"德育"其实就是"心育"，德育工作是对人灵魂的塑造，是搞好各项工作的前提和基础。教师不仅要会教书，而且要会育人，教导学生学会如何学习，学会如何做人，将德育渗透到学生的内心世界，这一切都和教师的活动有着紧密的关系。结合我们学校的办学理念"让学生发展，让教师成功，让家长满意"和本人在工作中的实践，来谈谈我对德育教育的一些思考。

一、充分发挥教师在德育教育中的三个作用

教师职业的特殊性质，决定了教师的人格在学生的整个德育教育过程中具有不可忽视的作用。教师的人格魅力是提高教育质量的前提。一个教师对自己育人的工作职责是否明确，这是衡量教师职业道德的根本，也是师德规范的首要问题。

1. 奠基作用。教师崇高的思想品德对学生思想品德的形成起着奠基作用。中学生的世界观尚未形成，正处于可塑性最强

的阶段，是形成人格及基本素质的关键时期。一个人能否成才，首先取决于他是否具有足够的辨别真善美的能力，是否有良好的道德行为习惯。因此，学校教育首先应是"成人"的教育，只有"成人"才能"成才"。教师，特别是班主任，是班集体的主要教育者及组织者，在学生的人格素质形成中起重要的作用。人的素质是个整体，其中，人格素质是根和主干，它决定着学生素质的发展方向。而教师又是他们心中的偶像和效法的榜样，教师的思想素质无疑会在无形中给学生以影响。"学高为师，身正为范"，只有在幼小的心灵播下希望的种子，才会有一个良好的结果。

2. 催化剂作用。教师良好的职业道德对学生思想品德的形成起着催化剂作用。一个优秀的教师，不仅品质高尚，而且要有良好的职业道德。首先，教师应满腔热忱，关心、爱护学生，不歧视、辱骂、体罚学生，"亲其师而信其道"，老师可敬可亲，学生才会愿意学，也才会学得好。其次，教师应该有强烈的事业心和责任感，对工作总是一丝不苟、精益求精，爱岗敬业，乐于奉献，这同样会给学生以影响，激发学生的学习动力，使其树立正确的人生观、价值观。

3. 修正作用。教师文明的言谈举止对学生思想品德的形成起着修正作用。教学生怎样做人，教师首先就要知道自己该怎样做人。教师以身作则，才能起到人格感召的作用，培养出言行一致的人。教师的一言一行都是其内在素养的外在体现，都会潜移默化地影响学生，而学生也正是通过这些了解教师的思想的。教师应注重修养，注意言行，处处给学生做出表率。言教辅以身教，身教重于言教，让学生的不良行为和习惯逐渐得到修正。

二、修身养德，完善自我，以人格塑造人格

影响人格形成与发展的因素很多，也很复杂，其中，最不可忽视的应是社会影响、人际交往及课外生活的内容。由于自身发展不成熟，辨别能力相对较差，模仿心理、流行心理、攀比心理较强，学生很容易受到社会中消极因素的影响，这些影响主要是从他们的人际交往圈中导入。如果我们教师不在这些方面加以注意和进行正确引导，就会使教育效果出现偏差。所以，在具体的教育中应注重人格素质教育的针对性及可行性，注意根据学生的实际及个体特点找准人格教育的切入点，注重言传与身教的结合，情理结合，学校、家庭、社区的结合，严格要求与关心、爱护的结合，切实帮助学生形成良好的人格素质。那么，教师在教育教学中该如何培养学生的人格呢？

1.教师对待学生要真诚。只有真正发自内心的、言行统一的美好品德，才能在学生身上产生"润物细无声"的影响，才能引起他们的共鸣。要以诚相待，做学生的知心朋友。在一项调查中，让学生回答"我碰到问题首先找谁商量"，寻找同伴的约占70%，寻找父母的约占10%，寻找老师的约占8%，其他约占12%。这表明，学生碰到麻烦，首先想到的是伙伴，因为家长、教师往往以教育者的身份出现，居高临下，学生的心灵很难敞开，也就很难沟通。在这种情况下，学生产生的心理问题，可能会得不到及时、正确的疏导，这不利于他们的健康成长。

作为教师，我们如何才能消除学生对师长的畏惧心理呢？教师平素不能搞"师道尊严"，不能摆架子，只有虚心听取学生的意见，把学生当成朋友，充分信任他们，学生才会把心里话告诉你，才会向你倾吐心中的沉闷和不快。特别是班主任，更要热心帮助学生，多跟学生进行情感交流，使学生感受到班集

体的温暖、融洽。班主任和蔼可亲，真诚对待学生，有利于做好教育工作。

2. 教师应加强个人修养，有健全而高尚的人格。对教师特有的期望和信赖，往往使学生在观察教师时，产生一种放大效应——教师的一种小善举，会使他们感到无比的欣喜；教师的一点小瑕疵，则会使他们产生巨大的失望。一线教师要树立面向全体学生的教育观，要牢固树立一种观念：学生的接受能力有强弱之分，学习进步有快慢之分，在教育教学活动中可以因人而异、分类推进、互帮互学。教师要用健全的人格素质和良知影响学生。因此，教师必须对自己的人格修养提出严格的要求，一切师德要求都要基于教师的人格。教师的人格是师德的有形表现，高尚而富有魅力的教师人格能产生身教重于言教的良好效果。

3. 教师要讲究文明，以身作则。刚参加工作时，我就承担了班主任工作，由于缺乏工作经验，曾做过一些费力不讨好的事情，对于学生的错误，我非得揪出来，从不轻易放过。我认为，如果不这样，就是对他们不负责，甚至有时还把事态扩大来处理，好像只有这样才能起到警示作用，实践证明，这种教育的效果并不好。比如，有的学生不认真做值日，我就在班上公开批评他，而后便是罚他再做一天，并申明，如不认真就再做，直到会做为止。结果值日问题只在短期内有一些转变，没多久又恢复原状了。为什么会这样呢？调查后，我才明白这是很多独生子女的通病。家长们总认为孩子干点儿活很累，于是，便剥夺了孩子们的锻炼机会。在与家长的交流中，我了解到绝大多数学生在家里是根本不干活的。因此，他们中的多数并不是故意偷懒，而是不知道怎样做才算是认真，怎样才算是做好了；再就是有些学生已经养成了偷懒的坏习惯。基于这种情况，我没有责怪他们，而是说："我认为大家都想努力为班级奉献自己的一份心，只是有些同学实在不知道怎样做才能把事情做好。今后，我和同学们一起做。"对于做得好的学生，我在班里大力表扬。从此，班里的值日问题基本解决了。

通过这件事，我领悟到绝不能随便向学生发泄怨气，对于教师来说，言谈举止不是区区小事，而是对学生具有重要影响的一种教育因素。我想，教师与学生之间的关系就像照镜子：你对他笑，他就对你笑；你对他怒，他就对你怒；你对他冷淡，他就对你冷淡。有所不同的是：你对他微笑，他可能对你大笑；你对他冷嘲热讽，他可能对你产生抵触，而后你再对他笑，他有可能无动于衷。

教师的高尚人格不仅反映在内在的精神境界上，而且体现在外在的言谈举止中。具体说来，主要有以下四个方面的内容：

（1）语言。这是教师在教育活动中使用的最主要的手段。教师的语言要准确，包括发音准确，吐字清晰，措辞精当，语法正确，词达意明，合乎逻辑。这就要求教师无论是遣词造句，还是判断推理，都要选择最能表达所要讲授内容的语言。教师的语言要"明白"。"明白"是指语言要清晰，通俗易懂。教师在表达思想感情、传授文化知识时，切忌语言隐晦、艰涩，不要转弯抹角、模棱两可、故弄玄虚，要做到深刻而不深奥，言简意赅，不堆砌，不过分雕琢，不牵强附会，把握住重点和难点。教师的语言要文雅。文雅的语言最能反映出人的文化素养和道德修养。教师无论在课堂上还是课外场合，要做到文质彬彬，吐词自然，音调适中，温和朴实。教师的语言要生动。马卡连柯说："我们要善于这样说话：使孩子们在我们的话里能感受到我们的意志，我们的修养和我们的个性。"要让学生知晓做人的基本道理，在思想上认同并引导行为，不断提升人格素质。

总之，教师要善于运用语言的力量，激发学生求知的欲望，拨动学生上进的心弦，把知识、真理和美好的感情送进学生的心田。教师的语言还要情理结合。

（2）仪表。主要包括衣着发式、修饰打扮等，是教师展现在学生面前的外部形态。教师的仪容仪表作为师者风范的主要体现之一，对学生的价值标准、审美标准的养成，有着重要的影响。教师在任何场合都应自觉保持良好的仪容仪表，待人接物要严肃而温和，举止态度要谦恭而自信。教师仪容仪表的总体要求是：要有职业美——衣着、发式整洁大方，合乎教师的身份；要有风度美——气质优雅，举止稳重端庄，言行落落大方，与教师的职业特点相吻合。

（3）举止。包括坐、立、行的姿势，以及表情、动作、行为习惯等，是教师与学生交往中的"人体信号"。举止文雅、从容，是教师情绪特征和学识水平的集中表现。上课语无伦次，语言破碎，举止呆板或过分激动，是教师知识缺乏、信心不足的表现。一名优秀的教师，在生活中也许是平庸的，但在三尺讲台上，一定是光彩照人的。举止适度，要求教师活泼而不轻佻，轻松而不懒散，谦虚而不迂腐，热情而不做作，稳重而不矫饰。相反，如果一个教师行为轻狂不羁，松松散散，举止无度，不拘小节，则会极大损坏自身形象，导致学生反感。英国教育家洛克说过："做导师的人自己应当具有良好的教养，随人，随时，随地，都有适当的举止与礼貌。"要为学生甚至全社会作出表率，这要求教师表现出良好的教养和振奋的神态，并与教育教学密切配合，发挥出最佳的辅助作用。

（4）礼仪。主要是指教师在与人交往时所表现出来的文明礼貌行为的总和。"教师是文明礼仪的化身。"富有时代特点的必要礼仪，是协调人际关系的杠杆，是社会主义精神文明的重要表现。教师要通过文明的礼仪表现出应有的风度，反映出对他人应有的尊重，从而不但给学生以良好影响，同时促进全社会团结互助、平等友爱，促进共同前进的新型人际关系的形成。

4. 教师要全面发展。教师应当使自己尽可能得到全面的发展，努力形成一种健康、美好、完整、和谐的人格。德与才的分离，言与行的相悖，大节谨慎而小节不拘，聪敏过人而举止轻浮等，对于一个希望成为优秀教师的人来说，都是应当尽量避免的。我们的学校应该是这样的一个地方——没有恐吓、威胁、强制，没有讽刺与嘲弄，有的只是宽松、宽厚、宽容，温情、温暖、温馨，有的只是欣赏、认同和同情，有的只是乐观的期待和真诚的信任。这就需要我们教师自觉地规范我们的权威人格，少一点"道貌岸然"，多一点宽厚和宽容，要相信宽容比惩罚更有力量。只有在充满宽容和信任的氛围中真诚相待，才能发展出自尊自律的人格品质。

（杜明英　贵州省贵阳市修文中学）

第三章 走在成长的路上

奉献　求真　创新
——在追求教育永恒价值中提升教师素质

温总理说："如果说教育是国家发展的基石，教师就是奠基者。有好的教师才可能有好的教育。"一支师德高尚、业务精湛、充满活力的专业化教师队伍是提高教育质量的有力保障。

基础教育是国家教育体系中起奠基作用的重要组成部分。基础教育的目标在于提高整个民族的素质，基础教育的最根本价值是育人。我作为一名中学教师，在"静心教书、潜心育人"的平凡岗位上追求着教育的永恒价值，在教书育人中提升自身素质。

从教 30 年来，我在"坎坷"的路上一步一个脚印，踏出的是前行的轨迹；一段时光一段记忆，缀成的是教育的征程，教学、管理、科研是我生活的三部曲。我以"奉献"成就教育事业，以"求真"打造教育质量，以"创新"追求教育个性。

教育是事业，需要教师奉献

教育是培养人的事业，努力把学生培养成适应经济和社会发展需要的、具有创新精神和实践能力的人才，是人民教师肩负的岗位责任。爱和奉献是师德之魂，"没有责任就办不好教育，没有奉献难以成就教育"。

20 世纪 80 年代初，我大学毕业后来到远离县城、信息闭塞、设施简陋、师资薄弱的农村联办初中。我没有感到惘然，更多的是感到肩上担着沉甸甸的重任。我工作的第一天就暗下决心：加强思想修养，充实专业知识，练好基本功，提高教学水平，当一名学生喜爱的政治教师。

我一点一滴地积累，如饥似渴地攻读教育心理学、教材教法等理论书籍，边学习、边消化、边实践。我全身心地投入自己心爱的事业之中，为了工作，我甚至没能对多病的父亲尽好孝心，父亲临终时，我还在毕业班的教室里上课。

爱的事业需要爱的奉献。1986年，我班上有一位姓田的学生产生了厌学情绪，后来大腿又生疮，便不愿到校上课了。我不厌其烦地家访动员，并用自行车接送他，每天往返20多里，坚持了一个星期。老师真挚的爱，像催红染绿的春雨，滋润着学生的心田。从此，那位学生天天到校认真学习，后来以优异的成绩升入了高一级学校。

刚工作的头十年中，许多不幸给我带来了磨难，但我对教育事业的爱却始终不渝。当时我妻子是三班倒工人，幼小的女儿无人照料，我常常不得不在清晨把孩子送到爱人的单位，寒冬腊月也硬要把孩子从热被窝中拉起。有多少回女儿哭闹着不愿起来，我的眼睛也不止一次湿润过，当学生踏着雪白的霜路到校晨读时，我已在晨曦中的校园里巡视了。

1990年，我5岁的幼女不幸患再生障碍性贫血，常常住院治疗，一次次骨髓穿刺，女儿经受着一次次折腾，我流着泪，咬着牙，还是把照料女儿的担子压在了岳母和妻子身上。多少次深夜，女儿病情加重，由救护车送到市人民医院急救。处理完救护事务，我骑车25公里赶在学生早读前到了学校。至1994年4月8日女儿病亡，我从没耽误过一天的工作。

坎坷、磨难是难得的财富，只要你能以坚忍的意志、锲而不舍的精神去战胜它，就会获得成功的喜悦。我在农村联办初中工作12年，在那里，我从一个普通的科任老师、班主任成长为教务主任、管理着30多个班级的教育教学的校长。1993年，《江苏教育》第7、8期以"在农村联中耕耘播种，用奉献精神书写人生"为题对我的工作进行了报道。我的事迹和教学成果入编《江苏教育功勋录》和《中学骨干教师辞典》。我先后被评为无锡市优秀共产党员、劳动模范和江苏省优秀教育工作者。

30年来，我一直把提高业务修养作为自己的安身立命之本，在政治学科教学园地虔诚地学习、真诚地思考并努力地实践。30年中，虽岗位几经变换，但我始终耕耘在学科教学的前沿，在担任省重点高中校长、党委书记期间，我分别于1997、1999、2002年共三次承担高三毕业班的教学任务。2003年8月，组织上将我调至市教师进修学校，尽管工作起来得心应手，但我硬是请求领导于2008年8月将我调至江苏省江阴高级中学，回到了政治学科教学的第一线，力争为培育人的事业作更多的贡献。

教育是科学，需要教师求真

教育是科学，有诸多规律可循。潘懋元先生曾说，在诸多教育规律中，有一条是教育和人的发展关系的规律，即教育内部的基本规律。教育规律具有客观性、必然性和普遍性。教育是育人的大事业，来不得半点马虎和虚假。"千教万教，教人求真；千学万学，学做真人。"教育的真谛是教人求真。

教师需要求真，遵循规律，有思想。在30年的教育实践中，我自觉遵循教育规律，不断提高工作质量：一是教育有理性，确立"真实为本"的教育理念。二是教育有智慧，透过现象看本质，把握规律性，增强主动性，富有创新性。三是教育有勇气，善于拒绝平庸，不忘教育追求，不忘求真尚善。

30年中，我有着21年担任正、副校长的经历。在学校管理的实践中，我带领教职工依据"硬件从实、软件从严、活件从优"的思路推进学校的跨越式发展；学校办学追求"规范＋特色"，学生培养追求"合格＋特长"的境界，把一所乡镇完中创建成江苏省四星级高中；对学校工作既坚持"思想领导"，又保持"行动研究者"的行走姿态，从行政领导走向专业引领，从"居高临下"走向"共生共长"。2002年5月，《人民教育》以"风雨六十育人路"为题对我任职的江苏省江阴市华士高级中学的办学实践作了专题报道。

在30年的学科教学中，我把帮助学生确立正确的世界观、人生观、价值观作为教学的首要任务。在政治课教学中，既坚持以人为本，尊重学生的个性差异，又了解和把握学生思想的发展和变化，"引导学生在范例分析中展示观点，在价值冲突中识别观点，在比较鉴别中确认观点，在探究活动中提炼观点，进而有效地提高学生理解、认同、确信正确价值标准的能力"。

我在一次以"促进小康社会经济发展"为题的全市公开教学研究课上进行课堂小结时，有这样一个教学片断：

生：老师，今天所学内容比较深奥，对高一学生而言，学习"科学发展观"有用吗？

师：这位同学结合自身实际提出了一个有价值的问题，请同学们就此展开讨论，帮这位同学来解答疑惑。

生：科学发展观要求协调发展、可持续发展，对我们今天学习文化知识也有启发意义。

生：我们的学习也要提倡速度、质量、效益相统一，现在高效率地学知识，掌握本领，有利于将来献身于社会的建设事业。

师：同学们回答得很好，我们今天学习科学发展观的基本原理，就是要让大家从小确立一种意识，将来多承担一份责任，增强我们学生的使命感和责任感。

这一教学片断告诉我们：教师在教学中适时地给予学生正确的引导，不仅可以帮助学生纠正认识，而且还有利于培养学生的情感、态度和价值观；政治教师在教学活动中发挥自己的主导性，是能够承担引领学生健康成长的重要使命的。在教学活动中，充分发挥学生的主体作用是完全正确的，但不能过度强化学生的主体性，以免造成学生主观性的滋长，这是一线教师在新课程实施过程中必须保持的理性姿态。

教育是艺术，需要教师创新

教育的全部技巧就是一个字——爱。对教育事业的爱，对教育对象的爱。教育是一门艺术，需要教师创新。教师要想在课堂主阵地上挥洒自如，"潇洒走一回"，就应该有思想、有情感、能创新。

我有着博大深厚的爱心，尊重学生的"生存需要"，尊重学生的学习权利、选择权利、休息权利等；尊重学生的"发展需要"，着力提高学生的学习能力、实践能力、创新能力；尊重学生的"享受需要"，给学生自由发展的时间和空间，尊重学生的人格。

教育是"心灵与心灵的沟通，灵魂与灵魂的交融，人格与人格的对话"。我坚持"育人为本、德育为先"，常规管理中注重"起点要准、要求要严、检查要勤、反馈要快、改进要实"。在教学实践中渗透德育，坚持"价值引导与自主选择"相结合、"道德规范与人生体验"相结合、"道德教化与文化浸润"相结合的育人策略。

我潜心研究提高课堂教学实效的途径和方法，关注"以生为本"的新课程改革。高效课堂应该是因材施教、学思结合、知行统一的课堂，是平等和谐、活泼生动、师生互动的课堂，是充满着"爱"、洋溢着"情"、体验着"乐"的课堂，是学生终生难忘的课堂。

2005年，江苏省实施高中新课程，我在实践中提出了具有特色的教学理念和策略，即"精致和谐"的政治课教学："和谐"的教学目标，"精致"的教学策略，"生本"的课堂氛围，"互动"的师生关系，"高效"的政治课堂。"精致和谐"的政治课教学新理念转化为常态化教学行为的策略是：在教材文本的提炼上做到精练深刻，在课程资源的开发上做到精当适度，在教学内容的预设上做到精准合理，在教学方法的设计上做到精心有效。

几十年来，我根于实践，源于问题，亲近学生，走进课堂，这种"田野式"、"草根化"科研，为形成鲜明的教学特色和创新的教育艺术提供了源头活水。我主持过多项省市级课题，参与了全国"十一五"规划课题"现代学校文化的深度建构"的研究，在省级以上刊物上发表研究文章100余篇，多篇文章被人大报刊复印资料全文转载，已出版《教育发展的实践与思考》等三部专著。"精致和谐政治课堂教学探索与实践"荣获2010年首届江苏省基础教育教学成果奖。专著《从问题走向研究》于2011年荣获江苏省第三届教育科研优秀成果奖。

我注重教学相长，在提升学生生命品质的同时，教师的专业素质也会得到提升。

30年的教育征程，我积淀一种品格——真诚奉献，确立一种理念——尊重规律，弘扬一种精神——锐意进取，追求一种境界——自我完善。恩格斯曾说："这个领域无限广阔，谁肯认真地工作，谁就能做出许多成绩，就能超群出众。"我从"奉献、求真、创新"开始，追求着不一样的"精彩"人生！

（贡和法　江苏省江阴高级中学教育集团）

一切，从改变自己开始

2012年2月，江之南，有人戏谑"春寒不料峭，春寒打哆嗦"。前夜镇江刚落了2012年的第一场雪，今日细雨飘零，躲在被窝里，任由惠特妮·休斯顿的 *I will always love you* 缠绕，翻开自己曾经的随笔，一篇篇，一幕幕，仿佛发生在昨日。

1993年，中国的教师队伍多了一个其貌不扬的女孩。20世纪90年代初，初中学校里本科师范生寥若晨星，而她竟然以一个学生党员的身份踏入了为人师表的行列，雄心勃勃的她想大干一场。不谙世事的她，凭热情盲目地忙碌了几年，最终失去了方向，年复一年，机械地教书。这期间，结婚生子，小家虽不富裕却浪漫、温馨、甜蜜，这就是她踏入社会十年的最大收获。

但我一直知道：骨子里不甘平庸的她，尽管是个女人，却不会满足于现状。这个人就是我。

变化，在自我追逐中慢慢降临。

当我年轻的时候，我的想象力没有受到任何限制，我梦想改变整个世界。

当我渐渐成熟明智的时候，我发现这个世界是不可能改变的，于是我将眼光放得短浅了一些，那就只改变我的国家吧！但是这也似乎很难。

当我到了迟暮之年，抱着最后一丝希望，我决定只改变我的家庭、我亲近的人——但是，唉！他们根本不接受改变。

现在在我临终之际，我才突然意识到：如果起初我只改变自己，接着我就可以改变我的家人。然后，在他们的激发和鼓励下，我也许就能改变我的国家。再接下来，谁知道呢，或许我连整个世界都可以改变。

这是英国威斯敏斯特教堂地下室中，圣公会主教墓碑上写着的一段话。

我喜欢这段话，也许是因为我躁动的心灵从未安静过。

我选择，我愿意

2004年，偶然得知中学教师可以报考在职教育硕士，我异常兴奋，在反复争取后，终于获得报名资格。回头看看来时的路，从报名到以优异的成绩被南京师范大学录取，再到毕业，最确切的形容莫过于"痛并快乐着"。时值学校改制为民办，工作上的困扰骤增，压力越来越大；孩子刚入小学，小学生活、学习的适应需要我的关注与引导；爱人远在温州工作，双方老人不在本地，每次去学习，工作上的安排与孩子的安排都令我心力交瘁；教育硕士毕业的前一年，正值毕业论文开始撰写之际，我又报考了国家二级心理咨询师资格考试，压力呈几何级数增长……一句话：都是自找的！若非如此，我又怎能感受到"我选择，我愿意，虽苦亦乐"？

那段日子过得很艰难：一个女人带着孩子，一边读教育硕士，准备三万字的毕业论文；一边利用每个双休日参加心理咨询师考试辅导，准备国家二级心理咨询师的笔试与面试；一边卖力工作，年年教毕业班，做完工作做家务，辅导完孩子的学习忙自己的学习……但是自己从来没有觉得辛苦，相反，常常有很多难以忘怀的开心时刻。

上心理咨询师考级的辅导课程时，南京的沈友健教授一周来一次，只负责部分内容的讲授，学员们很喜欢他的课。某次我未准时到，教授在班上问"陈静怎么没来"，之后居然以我未到为例，结合教学，假设我没到场的种种情况，以此说明我是一个社会功能健全的女性……这些，是学员们在课后告诉我的。沈教授的授课次数很少，在三四十个学员中，居然能把我与姓名对上号，佩服之外，我很惊喜；居然以我的未到作出种种假设，也许正好是为教学服务，也许真如教授前面所说，我听讲的投入状态让他关注到了我，也许教授正好读过我的《我的个人成长报告》，知道我的个人情况。总之，作为一名萍水相逢的学员，能被教授如此提及，我真的是满心欢喜，学习更投入了。一个三十好几的人偶然被老师提及都如此开心，何况学生？受此启发，在此后的工作中，我关注每一个孩子，力争让每一个孩子都感受到我对他的关注，这让我不敢懈怠！

我写作，我快乐

我开始读书，并随心所欲地写作，有教育教学心得，有孩子的成长，有生活中的酸甜苦辣……我居然还写出了一些小名堂：2005年，第一次获江苏省"师陶杯"征文一等奖；写孩子的短文在《镇江日报》上发表；参加镇江市第一届网络节征文活动获得唯一一个一等奖，领奖的时候，他们告诉我，我的文章如何在第一时间感动了评委；投向专业杂志的文章也变成了铅字；自主学习的心理知识也可以用来为学生服务了……这些小小的收获犹如强心针，给了我继续走下去的信心与力量。如果说，选择的时候我是盲目的，并不知方向的对与错，那么，现在我知道自己在书香中找到了人生的方向与价值。我对教育工作的热情重新被点燃，投入地研究教育教学，对学生付出更多的关爱，对学校的工作不计回报……当我不图任何回报的时候，我的努力得到了肯定。在教育的大路上我越走越开阔，做教师的幸福感越来越深刻。

我庆幸，过了而立之年做了一个渺小却正确的选择——读书。因为读书，自己的心变得纯净，在浮躁的年代不浮躁；因为读书，有了明确的目标和追求，生活开始忙忙碌碌而有滋味；因为读书，自己的底蕴与内涵丰富了，自己的价值提升了；因为读书，看世事逐渐淡然，对这个世界更多了一份宽容，对自己的生活更多了一份热爱；因为读书，眼界开阔了，思维活跃了，走进课堂的时候心里更踏实了……一切都不同了，我的世界变了。

我经历，我珍惜

种种经历，无论成功的、失败的，快乐的、痛苦的……都归入我心灵深处，永远地珍藏，在我追求成长的路上，一路陪伴，成为我恒久的财富。

初中是我求学生涯中记忆最清晰、最快乐的时光。人到中年的男班主任很细心，有一次我与其他女生交换着"围脖"玩，他发现后竟问我的"围脖"哪儿去了。自己是班上的佼佼者，平时"被关心"的时候比其他同学多，但这样被班主任小小地关心一下，也很高兴。现在亦为人师的我，常常不由自主地关心孩子学习以外的细节，想来就是这位班主任留给我的财富。老师与学生的关系不应该仅仅停留在学习上，改变那种功利性的对学生学习的关心，生活上的交流与关注更有利于构建和谐的师生关系，促成"亲其师，信其道"。

读书生涯的第一次挫败是英语期末考试不及格（全乡统考，全班只有一人及格），英语代课教师自身水平尤其是课堂管理能力差成了全班英语成绩不理想的主要原因。现在的我能够深深地理解并体会课堂管理对教学有效性的影响，并始终践行"向课堂管理要质量"。在思品课"被边缘化"的校园里，守住自己的阵地，对学生负责也是对自己负责，切实减轻学生的负担，构建高效课堂。

我追求，我成长

只会教书，还远远不够。教科研之路虽不好走，但也要走。对我而言，把想到的做出来，似乎并不难，但把做出来的写出来，却很难。

我是幸运的，遇到了指路的"仙人"。

2005年，我想参加省"师陶杯"的论文比赛。写来写去，终觉不像样，开学后向尚不太熟悉的老韦请教（在我之前，居然从未有人向他请教论文写作），老韦热情、认真地说："第一，文章必须有一个吸引眼球的标题；第二，支撑文章观点的论据至少要有三个；第三，推荐你看某篇文章……这些，可以让你受益终身。"反反复复修改若干次后，我终于惴惴不安地寄出了自己的稿件。对第一次有人指点、第一次修改若干次的文章，我也没寄予太高的期望，因为自己在这之前连市级一等奖都没获得过。惊喜往往在意想不到的时刻光临，那年12月，校长室居然接到通知让我去扬州参加颁奖大会。其含金量直到2010年才被领导知晓和认可，当时我是学校唯一一个参加这个比赛的教师，至今也是学校唯一一个获一等奖的教师（在琳琅满目的征文比赛活动中，"师陶杯"是为数极少的一等奖低获奖率的比赛之一）。这次获奖，对于我个人而言，无疑具有里程碑式的意义——原来我还是可以拯救的！从此，找老韦指导文章写作的教师越来越多，经过他指点的很多文章都在省市拿过一等奖，唯独没有江苏省的"师陶杯"与"五四杯"。从此，老韦再也没有认真指点过我写文章，反而把自己写的东西发给我看，让我提建议，还叫别人拿文章来让我指点，但老韦始终都是我教科研写作的启蒙老师。

2011年11月24日，我作为市学科带头人应邀为我市"第八期骨干教师培训班"的政治老师们作讲座。在那里，我回顾了三年前我参加市骨干教师培训班的情形——三年前，仅是一名中级教师的我注视着台上的专家、带头人、骨干教师，心想："什么时候我也能像他们一样，在台上培训别的老师？"上天真是特别眷顾我，当年的梦想变成现实，仅仅用了三年。对于大多数老师来说，从中级教师到高级教师，再到骨干教师、学科带头人，绝对不是三年。也许正是应了那句广告词——Nothing is impossible，但天上的确没有掉馅饼下来，这三年，just do it 成了我的座右铭，目标日渐清晰的我，在追逐成长的路上，从来没有停止过脚步。正是在那个骨干教师培训班上，我认识了现在的导师——丁双六老师。丁老师是我省第一批教授级教师，是我省和安徽省的双料特级教师。2008年，我刚评上高级教师，正处于发展"高原期"，茫然、徘徊，不知何去何从。就在这时，丁老师和他的工作室出现了，似沙漠中的一片绿洲，让我重新焕发了生命力，找到了生长的方向！工作室没有嫌弃我这个普通老师，我成了工作室唯一一名初中教师，唯一一名没有任何拔尖人才称号的教师，也是唯一一名女教师。

工作室里人才济济，成立时其成员大部分是市学科带头人、市骨干教师，有着相当浓厚的研究氛围与学习氛围。随着工作室的影响扩大，陆续吸引了省内外不少特级教师和教授级教师，更多的是青年才俊，这一切都熏陶着我这个普通的高级教师。通过工作室这个平台，我认识了省内外的一些大师，拓宽了我的眼界，增强了我专业成长的动力，丰富了我对专业成长内涵的认识，提升了我专业成长的信心。

在工作室的三年，是我全方位接受丁老师指导的三年，大到专业成长目标的规划，小到公开课的备课、论文的撰写、申报材料的准备，专业成长路上的每一个节点，都离不开丁老师细致而具体的指导，丁老师是我专业成长的指路人，更是我专业成长的航标。

2009年7月，我被命名为市中青年骨干教师；2009年12月，我被评为市"169四期工程"科技骨干；2010年10月，我被命名为市中小学教师学科带头人。在他人看来，这一切也许算不上什么，但对于我个人而言，是长期积淀的巨大回馈，也是我专业成长源源不断的前进动力。每登上一个高地，我都可以欣赏到更多的教育景色，就对教育多一份眷念与执著；每遇到更强的高手，我就感觉到自己的渺小与无知，更激起自己不断探索与追求的信念。

一切，都始于改变自己。

（陈静　江苏省镇江市江南学校）

我是教师

教师,很平常;教师,又很不平常。

19年前大学毕业,我带着对教师这个职业的向往,也带着那个时代年轻人特有的浮躁与轻狂,走出了师范学院的大门。临行前,白发苍苍的老教授站在我们面前,目光灼灼,一再叮嘱:"年轻人,做教师不是当苦行僧,但一定要静下心来,耐得住寂寞,耐得住重复劳动的艰辛,只有经历淬火,才能炼成精钢啊。"说得我怦然心动,频频颔首。回首近20年的从教之路,我清晰地发现这样一条足迹:有浅尝甘霖的欣喜,有屡遭挫折的痛楚,也有不眠不休的焦虑。

记得刚参加工作当班主任的那一年,我正在上新学期的第一节课,有个家境贫寒的学生递上来一张纸条,上面写道:从这一刻起,我的人生交给您和其他几位老师了。短短一句话,让我好长时间缓不过劲来。我深深知道,选择了一门清苦的行业,我只能迈步前行,无论如何也不能愧对讲台下那一双双求知的眼眸。只有教师通体发亮,才能照亮学生的心房;只有教师心中有火,才能点燃学生成才成人的理想。我有时觉得,教师更像一位普度众生的救世主,是改变贫困学子人生境遇、拯救贫困家庭的守护神。我别无选择,必须点燃这一部分人的心头之灯,让他们同样拥有生命的精彩。

教学工作中,我恪守的原则是:人可以慢慢变老,但教学理念不能过时，应求变求新。每一节课，力争有激情、有笑声、有亮点。在这十几年里，我先后讲过多门课程。课程案例多，实务性强，而其中的一些内容与班级管理方法有异曲同工之妙。于是我适时地采用"拿来主义"，把它当做"共享资源"让学生们来分享。例如，"组织文化、理念口号"的内容，可以与"校有校训，班有班风"巧妙地结合起来。记得当时刚刚产生2008年北京奥运会的口号"同一个世界，同一个梦想"，我适时地把这一口号的来历和意境引入班会中，让学生领会"理念"对大到一个国家小到一个班级的重要性，使得他们情不自禁地产生了"爱国、荣誉、自豪、责任"这些情愫；而且为了丰富我们班级的教室文化，我引导同学们把这一响亮的口号作为当月的板报主题和标题。另外，我和学生又共同总结、分析了其他一些知名企业的理念口号，如荷兰飞利浦公司的"让我们做得更好"，青岛澳柯玛集团的"没有最好，只有更好"，联想集团的"每一年，每一天，我们都在进步"，康佳集团的"谁先升起，谁就是太阳"……这些企业理念，不仅让学生感受到企业对内激励员工、对外宣示使命的策略，而且把这些口号融进班级、融进每个学生的心田，可以让他们明白追求无止境、学习无止境的道理，最终把这些口号变为他们学习和生活的动力。

因此，我进一步认识到，教育与教学永远是一体的，我们应该让身边的知识变成一个个小精灵，敲开学生的心智之门，促进学生去思考、去体验、去享受，这也是学以致用的最好结果。

在每天与课本、教案的接触中，在与同事、学生的相处中，我养成了一个良好的习惯，也是一种自娱的乐趣，就是对工作中的所做所想及时总结，提炼为一篇篇小文章，来审视、提高自己，用或婉约或豪迈的句子叙述过往，聚合教学中的片片闪亮。此外，在新浪博客上，也随时留下自己作为老师的收获和愉悦,和学生平等地交流、分享。

  白驹过隙,光阴荏苒。作为一名教师的所有精彩不会随时间的流逝而迷离,它会永恒驻留。作为一种乐此不疲的事业,它需要教育情感的投入,教育观念的转型,教学方式的变革,教学艺术的创新……投身其中,躁动的心变得平和、充实而愈发坚定!我会继续走在教育教学之路上,坚实有力地踩出一个个清晰的脚印!

  有一天,我也将老去,爬满我额角的,将不是皱纹,而是葱茏的常春藤。是的,教师这一职业是我永恒的经典、永驻的青春。我站在这十九年的光河的另一侧,对自己微笑。

(张亚慧 山东省商业职业技术学院)

我的教育人生
——一位乡村教师的成长之路

光阴荏苒，回顾 41 年的平凡人生旅程，从一个出身贫寒的农家娃子，成长为一名普通的共产党员和人民教师。我体会着教育的艰辛与欢乐，享受着付出后的欣慰与收获。

在我的记忆里，父亲是个做事认真而好强的人，他做什么事从不服输，这可能与他特殊的家庭背景有关。听村里人说父亲五岁时，奶奶就因病去世了，他与我十一岁的姑姑、一岁多的小叔相依为命。小时候很怕见他，主要是因为他教育子女的方法简单而粗暴。但他做什么事都要做好，从不服输的个性深深地影响了我，让我走在不断追求的人生路上。

家人中对我影响最大的，是我的伯父。他是一名抗美援朝志愿军连指导员，组织上准备让他转业去内蒙古。因为家里没有人照顾年幼的弟妹，他还是回到自己的家乡当了大队的党支部副书记。在我的心目中，伯父是一名真正的共产党员，他带领着村里一帮年轻人，组建了林业队，工作搞得有声有色，是我们这一带远近闻名"农业学大寨"的典型。

从记事起，我就是伯父家的常客。只要一放学回来，我就往他家里跑。饿了可以吃点东西，可以听伯父讲述农家孩子读书的故事，可以把学校里发生的事描述给伯父听，他总是不厌烦地评价、分析，对我的学习与生活提出具体的指导与建议。

从这里，我明白了许多做人的道理；从这里，我产生了一定要"跃出农门"、考上大学的愿望。我永远不会忘记伯父对我的鼓励与支持，也没有辜负伯父对我的教导。我是新中国成立后我们村第一个考上大学的学生。

教师，值得尊重与感恩。我的成长离不开老师的教诲与影响。贾老师是我高中时期学校的团支部书记，也是我的数学老师。他看起来不善言谈，甚至有点腼腆。可他的数学课真把同学们给"震"住了。平时上课连课本也不用拿，拿着几支粉笔就上讲台了。他的课通俗易懂、逻辑严密、条理清晰，同学们听得如痴如醉。这时我开始知道什么是"学高为师"。是啊，要求学生掌握的东西，教师自己必须掌握；要求学生做到的，教师自己首先必须做到。这也成了我后来做教师的底线。平时学生与我交流的时候，经常问我："王老师，你教材怎么把握得这么熟啊！"我总是说，跟老师学的呗！不可否认，我的课堂教学，受贾老师的影响很深。

两年大学生活，是忙碌而充实的。我除了以优秀的成绩完成学业外，还应聘为学校广播站的编辑。为此，我每天都出入图书馆和阅览室，进行了大量的阅读。这丰富了我的政治、文化素养，为我后来的教育教学打下了基础。这时候，我的人生理想不只是"跃出农门"当个普通的初中教师，而是成为一名新闻记者或者编辑。

可生活跟我开了个不大不小的玩笑。毕业时，我拿着一大把获奖证书找到了在县委宣传部工作的干哥，希望在宣传部或电视台谋个差使。可县委、县政府一个"大专毕业生一律去农村"的文件打碎了我的梦想，我被分配到一所偏远的乡村中学，开始了我的教学生涯。经过开学前一段时间的迷茫与彷徨，我开始从新审视自己：我是农家孩子，吃上"皇粮"、当个教师就不错了。当教师，就要做一个自己满意、学生爱戴、家长放心的好教师，我在心里对自己说。

刚开始走上讲台，没有想到的是，校长会把四个毕业班的思想政治课交给我，我硬着头皮接受了任务。其实，敏感的我感受到了老师们怀疑的目光。我一定要努力，把这届毕业生带好！我暗暗下了决心。于是，在平时的教学中，我总是坚持提前一周左右备课，多方搜集材料，听取学生意见，认识编写教案并默记于胸。上课时，我深入学生中间，进行谈心式教学，从而激发学生的学习兴趣。在这一年中考中，我担任的思想政治学科取得了全县第十七名的成绩，这是当时我们学校所有学科在县里排名最高的！在以后的几年里，我全身心地投入教育教学工作，在九所中学的联考中，我担任的思想政治学科年年都是第一名，同时参加了县教学能手评选，成为我校当时最年轻的县级教学能手。因此，我被称为"拼命三郎"，受到师生的广泛好评。其间，我积极向党组织靠拢，成为一名中国共产党党员。

但现实是复杂的，教育系统里的人们不是生活在真空中，校园也不是一片净土。孤身一人、身在异乡、不善交际、"只知干活、不知看路"的我感到了种种压力。这种压力，来自内心世界的不甘落后，来自与同事之间的竞争，更重要的可能来自对教育的热爱。要想得到别人的真正认可，必须具有一种把自己逼到悬崖边上的勇气，去挑战自己能力的极限，这样才有可能完成从现有高度向另一个高度的跨越！

怎么办？必须不断学习，把学习作为自己人生的永恒追求和自觉行动，把学习作为提高自身素质和增长才干的根本途径。于是，我一边教学，一边复习，以优异的成绩考上了曲阜师范大学政治专业本科函授班，获得了进一步提高自己的政治素养和业务能力的机会。平时把广播、电视、报纸等作为获取知识、了解社会的渠道。每天坚持收看《新闻联播》、《焦点访谈》等栏目，加强自学，注意收集、整理资料，自费订阅各种专业期刊，博览群书，博采众长。通过学习，进一步掌握了现代教育教学理论，更新了教育教学理念，提高了政治和专业素养，为自己的专业成长奠定了基础。

怎么办？必须搞好教学与教研。在相当长的时间里，一部分农村中学仍然笼罩在"应试教育"的氛围中，片面追求升学率的做法在不同程度上干扰着教学。社会和学校更关心的是升学率和学生的分数，而往往忽略了教育教学的过程。如何把教育教学过程展现出来，从而得到更高层次的认可，成为这段时间我思考的问题。于是，我认真构思我的每一篇教案，坚持写教育教学笔记与教育教学反思，也试着向专业期刊投稿。在无数次的失败中，我学习、反思、纠正着自己的教育教学行为与写作方向。功夫不负有心人，上海教育出版社主办的《政治教育》杂志（现在更名为《素质教育大参考》）1996年第12期发表了我的第一篇教案。《思想政治课教学》杂志1997年第6期发表了我的第一篇论文。这在我们学校历史上是教师第一次发表作品。凭借突出的教育教学成绩，我参与了中级职称的评定，成了我校最年轻的中学一级教师。

收获了"成功"，但有时候自己却陷入莫名的惆怅中而不能自拔。我知道，我是多么想走进每个学生的心灵深处，精心呵护和安抚那一颗颗脆弱、敏感的童心！我是多么想让每一个孩子都出类拔萃，让每一颗年轻的心都善良、快乐与神圣！可是总有一些无可奈何，总有一些不尽如人意。我难过，我自责，我苦苦寻觅着解答问题的良方……于是，我开始立足于学生现实的生活经验，尊重学生的情感体验，试着走进学生的内心世界。几年来,通过交谈、QQ 聊天、电子信件等,我与学生进行心灵的交流与沟通,促进了学生的健康成长,受到了师生的好评。一位考入大学的学生来信说:"班主任,你的心如同大海的潮水,宽广、深沉,容纳着我的悲伤和欢乐;又像丝丝细雨、悠悠春风,和煦、清新,吹散了我心中的一切烦恼和忧愁。你的心给了我学海求知的欲望。"一位初中毕业后在家务农的同学,曾这样对我说:"谢谢您,王老师。不仅因为您教给了我知识,更重要的是您让我懂得了许多做人的道理。"我据此撰写的咨询手记分别在《中学生时事政治报》、《中国教育报》上发表。

是啊,学生的尊重、理解与感激,让我感到欣慰。我想,当一名教师从心底喜欢并专注于自己所从事的职业,把学生的成长与成功当成自己人生最大的追求时,教育教学工作便不再是为了"谋生",而是一种自我满足和享受。每当回想起放学路上同学面对老师时露出的真挚笑容,每当听到"老师,我获奖了"的欢快童音,每当看到教师节学生从远方寄来的贺卡和 QQ 上学生亲切的问候,作为教育工作者,都会体会到教师职业的荣耀。2008 年,我被评为中学高级教师;2011 年教师节,我又被曹县人民政府授予"曹县十佳人类灵魂工程师"称号。我用自己的不懈努力,赢得了社会的肯定与尊重,也认识到了教师职业的价值和幸福。

在长期的教育教学实践中,我摸索着有自己特点的教学方法,形成了"关注时政热点,联系社会生活"的教学风格。同学们普遍认为我的知识面广,课堂教学时代感强、有说服力、容易接受。在菏泽市中学政治优质课评比中,我执教的《关爱自然 从我做起》获得一等奖。我先后被评为菏泽市骨干教师、菏泽市教学能手。我设计的课件"宪法是国家的根本大法"于 2007 年 12 月荣获全国思想品德课、思想政治课优质课件一等奖。我还积极参与了"'科学发展观'背景下的思想品德和谐教学研究"省级重点课题的研究，该课题于2010年已结题并通过省专家验收，2011年被山东省教研室评为一等奖，我从中积累了一定的课题研究经验，为进一步开展教学研究、提升专业素质打下了一定的基础。

十多年来，我根据教学需要，不断总结、提炼自己的教学经验，至今已在《人民日报》、《中国教育报》、《思想政治课教学》、《中学政治教学参考》、《中国多媒体教学学报》等各类报刊上发表文章160余篇，50余万字，取得了一定的教研成果。教育教学研究也丰富了我的人文素养，2011年，我发表了第一篇文学评论《走近真实的路遥》和第一篇散文《魂系故乡河》，迈出了教育与文学梦想齐飞的第一步！

一个人的成长过程，就是一个人在反思中不断发现、创造和展现自己，不断让自己变得更优秀的过程！

庆幸自己出生于这片古老的土地，让我体验到青春的激情、劳动的汗水和对这个冷暖世界的复杂认知。感谢生活的时代和我周围的人们，让我从事教学工作。我努力着，并不计代价地将自己的汗水奉献给平凡的教育事业！

（王爱忠　山东省曹县大集乡中学安庄分校）

我的教师专业成长之道

毕业十年，工作十年。这是风华正茂的十年，意气风发的十年，也是不敢懈怠、努力探索的十年，这源于我从事的是太阳底下最光辉的事业。面对那些阳光的面孔，我既感到幸福充实，又感到压力重重！回首我的教师专业成长之路，有些体会，也有些思考。

一、母校校训：专业成长的精神支柱

我本科就读于北京师范大学哲学系思想政治教育专业。进入北师大那年刚好是北师大诞生95周年，也是在这一年，北师大确定了"学为人师，行为世范"的新校训。深感荣幸的是，在大学新生开学典礼上我聆听了启功先生对"学为人师，行为世范"内涵的阐释和殷殷期望。"学为人师，行为世范"，短短八个字，庄重典雅，寓意深刻。启功先生说它最基本的含义就是"所学要为世人之师，所行应为世人之范"。"学"是指每位师生应具有的学问、知识和技能，"学为人师"，就是要使"学"能成为后学的师表。"行"是指每位师生应具有的品行，"行为世范"，就是方方面面、时时刻刻都要光明正大，能够成为社会的模范。可以说，母校的校训是为师者的题中之义，引领着教师教育的方向。不管是在大学期间还是现在的工作岗位上，它一直深刻地影响着我，并成为我专业成长的精神支柱。也正因如此，在专业成长的道路上，我时刻提醒自己在"行"与"学"上必须严格要求自己，不断进步，不断学习，不断创新，以免误人子弟和砸了母校的金字招牌，甚至玷污了这神圣的教育事业。

二、自我规划：专业成长的方向盘

走上教师岗位的前两年，我实际上不懂得如何规划自己的教师职业生涯，或者说没有规划自己的教师生涯的意识。工作第三年有幸聆听了福建师范大学余文森教授的讲座——"教师专业成长"之后，我开始思考我应该成为一名什么样的教师，什么是值得我去追求和奋斗的，我应该如何努力。教书匠还是学者型教师，经验型教师还是研究型教师，庸师还是能师，这些词语在我脑海里频繁出现。凡事预则立，不预则废。我开始自我规划。自我规划，首先就要明确目标。庸师是绝对不能当的，教书匠、经验型教师对学生的成长来说贡献不大，因此，我给自己的定位是：之后20年朝着成长为一名研究型甚至专家型教师的目标而奋斗。目标的确立使我有了方向感，而行动的付出让我感觉到教育工作的充实与神圣，并且有了当教师的幸福感。虽然有些时候计划会赶不上变化，但每学期我大概都围绕着"五个一工程"实施：读一本好书并做好读书笔记，写一篇好文章并发表在国家级刊物上，上一堂公开课并做好总结反思，听一位优秀教师的课并学习其优秀的教学思想，找一个典型问题为研究主题做好小课题研究。通过实施"五个一工程"，我的教学技能和研究水平迅速得到提高，工作第三年有两篇论文分别发表在全国教育核心刊物《中国远程教育》和《思想政治课教学》上，工作第六年就被评为泉州市中学教坛新秀。

三、终身学习：专业成长的不竭动力

学识够广博，知识够专业，技能够高超，是一名优秀教师的必备条件。在当今知识爆炸的时代，要想给学生一杯水，教师要有一桶水，甚至要有源源不断的一泉水，只有这样，才能适应这个不断变化的社会。教师专业成长过程中，学习是关键因素，因此，教师要有终身学习观。工作十年以来，除了积极参加学校和各级教育机构组织的继续教育培训，我还养成了几个学习习惯。

1.阅读杂志书籍。《思想政治课教学》、《中学政治教学参考》、《素质教育大参考》是我必读的杂志，这些杂志专业性、指导性强，对学科发展具有引领作用。阅读学科杂志可以深化专业知识，提升教学技能，阅读过程是与作者进行文本对话的过程，也是学习的过程。当然，我还阅读其他综合性教育杂志，主要是关注教育新理念和新动向。另外，我还自费购买《致青年教师》、《班主任工作漫谈》、《教学勇气》、《给教师的一百条建议》等教育书籍进行阅读。

2.拜师学艺。目前，很多学校为了促进教师专业发展，都有师徒结对计划，有的学校称之为"青蓝工程"。工作后，我的师父是本校的教研组组长。她是晋江市政治课教学的领头人，她倾囊相授，可以说在她的教导下，我进步很快，也是她让我走向了课题研究的幸福之路。然而，我并不满足于只向她学习，我还把目光投向了其他优秀教师，虽然没有严格意义上的拜师，但从他们身上，我知道了什么叫敬业，什么叫教学艺术。

3.利用网络学习交流。在"百度一下，你就知道"的时代，我充分利用互联网的便利，疯狂地学习。值得一提的是，通过网络，我加入了"《思想政治课教学》杂志"等QQ群，认识了

全国众多的优秀教师，他们让我懂得了"天外有天，人外有人"的真正内涵，从他们身上我学习到了各种先进的教学思想。

四、实践反思：专业成长的必由之路

教学是一种实践活动，教师在教学实践活动中会不断累积经验。经验从质上来说有先进与落后之分。长期以来，一些教师习惯于用自己的经验来演绎教学，但从来没有反思自己的经验是否适应时代的变革和实践的变化，他们成为了名副其实的经验型教师。缺少反思的专业成长之路是走不通的。叶澜教授说："一个教师写一辈子教案难以成为名师，但如果写三年反思则有可能成为名师。"受此启发，我从2006年开始在新思考网安家，撰写博客，反思教学。写博客反思，贵在坚持。新思考网曾经汇集了众多优秀教师，一时间红红火火，可如今坚持写博的老师已经为数不多。然而感到庆幸的是，我还能坚持到现在，我的博客在2010年被评为晋江市十佳教育博客。通过博客撰写教育教学反思的目的就是从经验反思中吸取教益，通过"实践——反思——再实践"的路子，不断提升自己的专业素养。实践、反思，使我的科研水平得到了长足的进步。

五、课题研究：专业成长的催化剂

参加工作前两年，我对课题研究的意识是模模糊糊的，感觉它高深莫测，不敢企及。让我踏上这条研究之路的是学校的科研副校长。当时，学校作为全国教育技术实验校，为了突出信息化教学特色，承担了国家级相关课题。当时我毕业不久，由于有一点信息化教学的意识便被招进了研究队伍，开展网络教学实验课。把网络搬进课堂作为辅助平台，在当时是一种创新，没有丝毫经验，唯有摸着石头过河。我开设了一节网

络课——"树立正确的消费观"。为了这节课题实验课，我学习了建构主义理论和多元智能理论等，不断修改教学设计，网络课件制作更是耗时耗力。虽然辛苦，但是这节课题实验课让我对网络教学有了自己的看法，学会了反思和研究。后来，论文《网络环境下开展政治课教学的思考》发表在全国教育核心刊物《中国远程教育》上，这是我第一次在国家级刊物，也是第一次在核心刊物上发表论文，这让我倍感幸福。由于在课题研究上取得了一定的成果，我顺势而上，帮助教研组申报立项了市级课题"乡土资源在思想政治课教学中的开发和利用"，并顺利结题。自己独立主持的省级课题"网络环境下思想政治课教学模式的构建探索"也获得立项。

以上的课题虽然都与专业紧密相连，但属于大课题。这两年，我开始转向微型课题研究，更加关注教育教学中的小问题，并由小问题形成微型课题。例如，在高一年级我开展了"课前三分钟新闻的课堂效应研究"，在高三年级开展"练习讲评课实效性研究"等课题。可以说，微型课题的研究最符合教学需要，也最能解决教学中的实际问题，同时能提高教师自身的专业水平。

学习、实践、反思永无止境，教师专业成长亦永无止境。一路走来，我自感离一名优秀教师还很遥远。我知道，唯有不断学习、反思和实践，才能更好地促进自身的专业发展。我也相信，在母校校训"学为人师，行为世范"的精神支撑下，自己的教师职业生涯将会走得更好、更幸福。

（蔡赐福　福建省晋江市养正中学）

春华秋实

时光荏苒，离高考只有100多天了，他们就要离开这所学校，站在新的起点飞向更远的地方，而我的教学使命也将画上一个分号。回首过往，我惊喜地发现，在和学生们打太极式的"较量"中我也在不断成长。

学校的新课改在如火如荼地进行，在这个背景下学校对课堂管理要求严格，作为一名年轻教师，我执行起来更是不敢走板走样。上课困顿的，扣分；上课偶尔说话的，扣分；上课溜号的，严厉批评；没完成作业的，扣分；课后没及时复习的，严肃处理……就这样，我不折不扣地贯彻着学校的文件精神，并自认为已经做到了对学生认真负责，做到了对学校忠贞不贰。可是，渐渐地，我发现：课下，学生们对我敬而远之，心里话也不和我说了，提问题的热情也减弱了；课上，讨论环节，学生们的活泼参与不见了，有的只是端正地坐在那里一言不发……我沉思着，我迷惑了。一度，我对上课打不起精神，课上更是易怒暴躁，往往因为他们对我的提问没有反应而大发雷霆。久而久之，师生关系紧张，他们不再期盼我的出现，而我也没有了往日上课的热情与成就感。

在一节公开课上，我校张老师的一句话点醒了我。他说，课堂评价的修改，使学生们在数学课上不敢说话了，也不爱说话了，他要帮学生们找回数学课的快乐。我如梦初醒，原来我不曾了解学生需要什么，喜欢什么方式，我不曾变通地执行学校的规章制度，而是将那些条条框框强加给学生，让他们无法自由呼吸，于是他们只能选择沉默。

有一天晚自习，我没有讲课，而是在黑板上给出议题让学生们讨论：政治课上你为什么不快乐了？起初的讨论效果并不理想，学生们并没有太大的反应，只是互相观望，我明白他们紧闭的心门并没有打开，于是我主动表明态度，说出了自己的心里话。慢慢地，教室里的声音多了起来："老师，你总是板着脸，让我们感觉太压抑。""老师，我们犯错了，你总是批评扣分，我们都不敢表达自己的想法。""老师，有时候我们活跃一点，你就让我们安静，怕影响课堂纪律。"……听着孩子们的心声，反思着自己近一学期的行为，我感到对不起学生们的这份热情。最后，学生们告诉我："老师，你每天微笑着走进教室，给我们宽松的空间表达自己的想法，这样的课堂我们就喜欢……"

我向学生们承诺："请同学们监督，以后我每天保持露出八颗牙的微笑进入课堂，绝不粗暴对待违纪的学生，用我的快乐感染你们。"

随后的一堂习题课上，我微笑着站在讲台前，学生们也笑着对我。我将一些容易的题号写在黑板上，分配给了学困生，让他们试着参与讨论，对其余同学则鼓励他们挑战高考。于是，课堂上睡觉、说闲话等现象在我完全没有干预的情况下彻底杜绝了，所有学生都积极参与讨论，他们都找到了自己的价值，此时的我也找回了站在讲台上的成就感和归属感。

这次经历让我对教学有了更深的理解。我明白了学生需要的是理解，是关怀，是尊重，是信任。在无条件执行学校规定的时候，要因人而异，体现人文关怀，"金凤凰"要爱，"丑小鸭"也要爱，要让他们知道自己是这个集体中的一员，自己的荣辱得失都与这个集体有关。

一份春华，一份秋实。在教育这条道路上，我付出的是汗水和泪水，收获的却是那一份份充实的情感。我用我的情去培育我的学生，我无愧于我心，无悔于我的事业。让我将自己珍贵的爱奉献给学生们，相信今日含苞欲放的花蕾，明日一定能绽放绚丽的花朵！

最后，祝愿高三的学生们在2012年取得辉煌的成绩，飞得更高，走得更远。

（李鑫　吉林省白城市实验高中）

凡心所向，素履所往

2011年6月10日至22日，我作为广东省东莞市44位骨干教师之一，参加了"北京师范大学高中政治骨干教师高级研修班"的学习，开启了一段文化之旅。在阔别大学校园多年后，重回课堂，领略大师的风采，聆听智慧的声音，我们不仅有"听君一席话，胜读十年书"的收获，更有"听君一席话，再读十年书"的求知冲动和渴求，在这个意义上，我们经历了一种更高层次的"启蒙"，这种"启蒙"令我们重新审视自己。

为期13天的研修，16种课程，各有千秋。我认为，可以把这些课程归结为"教"、"研"、"修"三类：第一类是"教"，着眼于思想政治课堂教学艺术，梁侠、靳忠良老师结合丰富的一线教学实践经验，带领我们研讨教学的艺术和技巧，以提高学科能力；第二类是"研"，着眼于提升思想政治教师的科研能力，韩震、程光泉、李晓东、王葎老师从教师专业化发展的角度，启发我们在价值多样化的时代，如何规划自己的职业生涯，提高自我核心竞争力，从而做一个研究型教师；第三类是"修"，着眼于提升教师的人文素养和德性修养，包括"后现代主义哲学"、"儒道哲学之特质"、"宗教哲学与文化"、"人民币汇率博弈"、"国内外形势"、"多学科视野中的人"、"公民教育之国际比较"等涉及本学科和其他学科知识的课程，我们跟随着王成兵、章伟文等老师在中西方哲学间穿行，在国内外学术大餐中大快朵颐，在知识的殿堂中流连忘返。这三类课程殊途同归，契合中学教师"教研修一体化，实现专业发展"的内在需求，受到我们热烈的欢迎。虽然老师们一再提示我们"不用做笔记，我的课件你们可以拷回去慢慢地钻研学习"，但我们仍迫不及待地在教学日志中写下一个个精彩瞬间。

结合本次研修的心得体会，我认为，教师要实现专业化成长，要从以下三方面努力：

一、教——基于课堂的教学实践，是教师专业发展的现实起点

韩愈曰："师者，所以传道受业解惑也。"然而，有人满腹经纶，学富五车，但不一定能当好老师，因为做老师还要具备"转换器"的功能，要会教，也就是掌握一定的教学方法和教学艺术。既要掌握本体性知识，更要掌握条件性知识，这样才能教给学生知识，培养学生的能力，进而影响学生的情感、态度和价值观。可见，教师不仅是一个行业，更是一种专业，具有不可替代性。那么，政治教师的核心竞争力是什么？程光泉老师认为，政治教师的核心竞争力是讲理能力。此前，我并未思考过这个问题。现在回忆起李翀、梁侠老师的课，一个简洁明快、层层辨析、抽丝剥茧，把人民币汇率问题讲解得清楚透彻，一个层次分明、详略得当、理论联系实际，把教学设计的科学性、实效性、艺术性讲解得淋漓尽致，不都有一种极强的讲理能力吗？

讲理能力要通过语言交流来实现，语言交流"实际上是教师的思维、情感和信仰倾向与学生交流的过程，对学生有直接的感染力"。当16位老师神采奕奕、充满激情地讲解，或疾徐有致、娓娓道来时，我们44位学生感受到的不仅是知识的理性

美，更对老师们严谨的学术风格和自由独立之精神肃然起敬！

"纸上得来终觉浅，绝知此事要躬行。"教师的专业成长首先要立足于课堂教学，在教的过程中发现问题，捕捉问题，加以研究，推动自己前进，并在教的过程中进行反思和总结，把经验上升为理论，实现教学积累。可见，"教"、"研"、"修"是相辅相成、相互促进的。

二、研——基于问题的教学研究，是教师专业发展的内在动力

铁打的营盘流水的兵，我们44个学员，教龄少则十年，多则二三十年，日复一日，年复一年，按部就班，每天波澜不惊地做着"备课——上课——习题批改——课外辅导"的工作，的确很容易变成赫伯特·马尔库塞笔下的"单向度的人"，丧失自由和创造力，不再想象或追求与现实生活不同的另一种生活。

苏霍姆林斯基说："如果你想让教师的劳动能够给教师一些乐趣，使天天上课不致变成一种单调乏味的义务，那你就应当引导每一位教师走上从事研究的这条幸福的道路上来……"以教促研，以研导教，是教师专业发展的必由之路。在这方面，梁侠老师无疑是其中翘楚，她的经历告诉我们："教师专业化发展"是"教师即研究者"的同义语，教师专业化发展的主要途径是对教学进行持续不断的实验和批判反思。新课程改革以来，我们不缺乏先进的教学理念，不缺乏具体的教学技能，我们欠缺的正是交流平台和前沿理论的学习。在北师大学习的日子里，每当课程结束，我们沿着校道回住处，意犹未尽地边走边讨论，我惊讶地发现：每位老师都有很多想法要陈述，有那么多见解要表达。那种热烈的场景和迸发的热情，令我仿佛坐上了时空穿梭机，回到了读书的青葱岁月，书生意气，挥斥方遒！

独学而无友，则孤陋而寡闻。教研活动的常规化开展要求建立"学习共同体"。这个共同体应该是多渠道、多方面的，既包括传统的"备课组（年级）——教研组（校）——学科中心组（市）"群体，也包括现代信息技术背景下由QQ群、博客等交流平台凝聚而成的群体，以实现日常和远程教研的交流和碰撞。此外，开发校本课程也有利于教研能力的提高。近年来，我开发了"趣味哲学"和"模拟法庭"两门校本课程。在开发过程中，由于没有现成的教材，我查阅了大量的资料，请教了许多同行和专家，使自己的资源整合能力得到很大的提高，同时，提升了理论水平，拓展了视野，为今后的教学打下了深厚的基础。

三、修——基于自我发展的学习需要，是教师专业发展的价值追求

苏霍姆林斯基认为："人的心灵深处，都有一种根深蒂固的需要，这就是希望感觉到自己是发现者、研究者、探索者。"韩震老师提出了教师成长的六大规律，并指出教师应该成为终身学习的典范，要成为积极主动、有行动能力、有合作能力、有创新能力、有反思能力、终身学习的学习者。对于中学教师来说，继续学习的方式主要有两种：一是脱产进修，二是在职进修。对于大部分老师而言，脱产进修较难实现，那么，参加类似于本次"北京师范大学高中政治骨干教师高级研修班"就是很好的方式，先由名师引领，再靠个人修行。

北师大的老师为我们打开了学科修学之门，让我们窥见了知识殿堂的一丝光亮。随着课程的推进，知识的圆圈越画越大，我们却越来越感叹自己"无知"，心中对世界越来越充满敬畏：有那么多知识是我们不了解的，有那么多好书是我们没阅读过

的，有那么多问题是我们没思考过的。下课后，回到寓所，拿起王学兵老师赠予的《后现代精神》，大学期间那些熟悉的和不熟悉的哲学家，那些似懂非懂的哲学观点，那些记忆犹新和已经忘却的知识片段，又在眼前徐徐展开……

"高山仰止，景行行止，虽不能至，然心向往之。"知识的海洋浩瀚无垠，我们穷毕生之力也无法读完所有的书籍。这次学习，许多老师给我们列出了阅读书目，例如：冯友兰的《中国哲学史》、牟宗三的《中国哲学十九讲》等，还有《理性与启蒙：后现代经典文选》、《感性的诗学：梅洛-庞蒂与法国哲学主流》、《德里达：解构之维》等。这些书籍，看似对中学教学没有很大用处，但正如《礼记·学记》所揭示的——"学然后知不足，教然后知困。知不足，然后能自反也；知困，然后能自强也"，教师不仅要看实用性、工具性的书，也要适当阅读前沿的、理论性的、学术性的书籍，从而更好地促进专业成长。

"言者所以在意，得意而忘言。"这次研修的真正价值，不在于教给我们具体的专业知识，不在于教会我们如何处理某本教材，而在于拓宽知识视野，进行交流和探讨，引发追问和思考。13天的京师之旅，我们获益匪浅、难以言表。学无止境，教无定法，然而行者常至，我想，我们会用毕生去追求。

（杨碧玉　广东省东莞市东莞中学松山湖学校）

这些年我做教师的苦涩

2000年我大学毕业,如今已经告别青涩,成熟起来了,现在也算有些收获:获得"郑州市优秀班主任"荣誉称号,两次获得郑州市时政竞赛"优秀辅导教师"称号,论文多次获奖,也得过优质课的奖项。印象最深刻的不是收获,而是从教生涯的苦涩。回想这一段为人师的青春历程,有许多苦涩。

最初的苦涩

教学的第一年,我和今天那些刚毕业的同事没有任何区别,不知道怎么讲课,更不知道如何跟那些比自己小不了多少岁的高中生打交道。而且由于当年我们这所学校刚刚创办高中,只有两个班,我是高中部唯一的一名政治老师,没有一样的课可以听,一切都要靠自己,没有人可以依靠。刚出大学校门的我,语言表达能力不强,有时讲课说了上句,下句还不知道在哪里,结果可想而知。有好几年,我缓不过劲来,不知道是该怪环境,还是该怪自己。

直到有一天,从郑州市的一所顶级学校来了一名数学老师(因名校不能解决他的编制),他跟我说:"原来我们上一节课,要求写三个教案,课前、课中和课后反思的教案,夜里十二点之前,我们从来没有出过办公室。"回想当年,我和办公室新来的大学毕业生一样,备课时找本教案书抄抄,上课时自己看着书讲讲，教案和课堂是脱节的。

名校的成绩和名气，主要就是靠勤奋打拼出来的。我们学校一位年轻的英语老师，准备了两个月，同样的课给学生上了八遍，后来奇迹般地从强手中突围，获得了郑州市优质课一等奖的第一名。上好课，教好学生，最起码的是要勤奋。

天道酬勤，这是亘古不变的道理，也是这段苦涩经历给我的启示。

不能再有的苦涩

初中政治课程标准中指出，"初中学生逐步扩展的生活是本课程建构的基础"，而时事政治作为学生生活的一部分，一直都是学生要关注的内容。但是，刚刚从教的我，不太清楚这一点，一直围着课本打转转，吃了不少亏。认真批改作业，认真备课，成绩却是一般。

后来，我经常看一些专业性的杂志，比如《思想政治课教学》等，看到全国各地老师的一些做法，我借鉴了一些。参加市里的教研活动时，我也及时向其他学校的老师取经。比如，有的老师强调要用"3W"（即：是什么 what，为什么 why 和怎么做 how）原则给时政编问题，也有老师经常利用跟学生有关的各种时政材料，结合课本内容，让学生去分析，一本新教材，一个学期下来，常常被这位老师翻无数遍，学生分析时政的能力也相应增强。

如果不想再有这样的苦涩，就应该紧扣新课改的脉搏，紧扣课程标准。

口不择言带来的苦涩

我接手了一个班，是由于原来的班主任休产假了，这是个怎样的班啊：值日生不知道值日，拖地只拖教室过道；让班委管晚自习纪律，班长说，同学们都光说话不学习，同学却说班长带头说话，不能听他的；一到课间操跑步，学生总能找出各种借口。一次跑操时，好几个男生躲到教学楼上不下来，我一上楼，有几个赶快下来了，还有一个学生嬉皮笑脸地说道："老师，我肚子疼，都快吐血了。"我很生气，每次不跑操的名单里都有他，于是就说："你今天就是吐血，也得去跑操。"中午，该学生的父亲打来电话，劈头盖脸地说："李老师，你今天说啥啊？"我一愣，接着，这个家长又说："你说俺孩子吐血也得跑步？"这个家长怎么也不听我解释。工作陷入了被动，辛辛苦苦为这个班付出，百般的努力就因为一句话被抹杀了。这是个惨痛的教训。

现在，我和学生对话的方式变了。一个女生雷某，体育课迟到，被体育老师告到我这里，看着这个女生，她平时的过错都浮现在我眼前：让学生登记电话号码，全班只有一个人没登记，问谁没有登记，却没人吭声，我对着花名单一个个地找，只有她没有登记电话。英语作业少了一本，问大家谁没有交，没人承认，核对名单后发现还是她。我爆发了，大声呵斥道："怎么又是你啊？单词背了很多次，每次都不过……"哪知道，她比我还激动："我上体育课迟到，跟英语单词有什么关系？你这样凶我，什么意思啊？"操场上，很多人的眼光被吸引了过来，两个发怒的人，其中一个哭着，该如何收场？雷某正处在叛逆期，又觉得自己被冤枉了，肯定不会妥协，一定会拼死捍卫自己所谓的尊严。我赶忙对她说："不哭了，你一哭，老师心里也很难受，我们好好谈谈。"经过一番慢声细语的交谈，我得知了她家中的情况。雷某的父亲一直在做家族生意，但是跟掌舵者——雷某的爷爷谈崩了，结果雷某的父亲在家就只有一件事：喝酒。他从来不过问女儿的学习，心情不好时，遇到谁就跟谁吵。跟同龄人相比，雷某觉得自己很不幸，很委屈。辛弃疾作词说："少年不识愁滋味。"其实，少年是多愁善感的，并且不会很好地控制自己的情绪。如果和这样一些少年吵，根本达不到应有的教育效果，甚至会让学生恨老师，从而跟老师对着干。

不能释怀的苦涩

半道接过一个班后，我这个新上任的班主任由于没有经验，初步感受到为人师的不易。老教师安慰我说，从初一就当班主任，那就是嫡系，你就是他们的亲娘，半道接人家的班，对于学生来讲，你是他们的后娘。我下定决心，如果让我从初一带班，一定认真负责地带好。

习惯是一点一滴地培养的，于是我就紧紧"盯住"学生。从早上7点开始，我的课自然不用说，即使我没有课，也会去班上看一下，哪怕是透过窗户往里望一下。中午放学前，我会把上午的一些情况通报一下，下午放学前，无论多晚，我也会把下午的情况通报一下。看到清洁区的地面脏了，不忍心打扰学生，我就拿着拖把打扫干净。刚开学班里没有班费，开运动会时给运动员买吃的喝的，所有费用都由我出。后来，学生在评教评学时却说，老师管得太多，太啰唆。还有一个学生，刚被我批评过，私下串通几个要好的同学，把我的等级一律改成了最低等。他们的原因都一样：老师太啰唆。

现在想来，我自认为是精心呵护，却过多地束缚了学生，忽略了学生需要自由呼吸；我的千叮咛万嘱咐，在学生那里成了一种负担。老师的啰唆，让学生产生了消极情绪，老师的一切努力，都化为乌有。这是我人生的寒冬。

从教 12 载，几多坎坷，人总是要学会慢慢成长的。现在的我，逐渐学会春风化雨，不再粗暴地管理学生，逐渐感到了为人师的快乐。希望我的苦涩，读到的人不再经历。

（李春伟　河南省郑州市扶轮外国语学校初中部）

第四章 我与幸福结缘

以理性之光照亮教师的幸福之路

我时常这样问自己：送走一届又一届的毕业生，我的生命是否和他们一起成长，我的灵魂是否和他们一起觉醒呢？在日常生活中，总是面临着诸多不尽如人意的境况，总是不能尽善尽美，那么，怎么让自己的生命幸福呢？我一直认为，作为老师，我们需要良好的学识和修养，其中，理性之修养至关重要。有了理性，教师的眼中才有真正的人，教师的课中才有生命的温度，教师的文中才有人性的力量。

镜头一：学生的生命理性促进我成长

2004年8月，我担任班主任的班级——高三（5）班已经开始提前上课了。虽然说孩子们对提前上课总是有着许多的怨言，但他们还是挤在同一间教室里或挥汗如雨地学习，或打打闹闹地嬉戏。就在8月25日那一天，班级中一个姓方的同学告诉我，她这两天身体不舒服，老是低烧，想请几天假。我通知家长，让家长带着孩子到医院检查一下，休息几天，准备高三学期初全市的学业成绩摸底考试。

一周过去了，学生如期参加学期初的统一考试。9月4日，方同学的父亲满脸悲切地找到了我，未语泪先流，从他断断续续的讲述中得知，原来方同学患急性粒细胞白血病，生命垂危，正在苏州大学第一附属医院抢救。我听到这个消息，完全蒙了，只记得自己在苍白地安慰着方爸爸的同时，眼泪不断地流着。那天中午，我到了教室里，平时唧唧喳喳的学生特别安静，气氛特别沉闷和压抑。后来我知道，同学们早读的时候已经知道了方同学的情况。我简单地向同学们讲述了方同学的情况，并把我的想法告诉了大家，把主题班会定在下周一的下午第四节课。

在主题班会上，当我和其他任课老师走进教室时，同学们正将照片投影到白板上，一张张照片，讲述着一个个背后的故事。有同学把上学期我们班级运动会的照片找出来，讲述方同学与大家一起参加接力赛的点点滴滴；有同学找出了高一时一起军训拉练的照片，讲述方同学在军训时的趣事……在主题活动中，同学们都竭力控制着自己的情绪，就算眼泪在眼眶里打转也不让它滑落，实在忍不住，就使劲向后仰望，以免自己的眼泪被镜头拍到，努力留下自己最美好的笑容。在主题班会的最后，学生又组织了募捐活动，你五十、我一百地将自己的零花钱放到捐款箱中，班级一共募捐了4000多元。第二天，班长和几位同学代表将本次主题班会的VCD和爱心款送到了医院，并带回来方同学病情基本稳定，准备骨髓移植的好消息。从此，班级同学基本上两周一次与方同学书信沟通，同学们将班级中发生的各种趣事、各次考试中取得的点滴进步告诉方同学，而方同学则将自己治疗过程中的感悟心得、对同学们的感谢和思念告诉大家。每次班会课上，由一个同学执笔给方同学写信，由另一个同学代表方同学朗读来信，成为我们班级主题班会的保留节目，直到第二年高考。

2007年春节，我接到了方爸爸的电话，方同学病情恶化，抢救无效，不幸离世。那天正是大年初一，我赶到方同学家里，发现班级大部分同学都已赶来了，大家都沉默不语。方爸爸将我们同学写的信拿出来,说方同学在最后的时间一遍遍地看着我们的信。这时,班长也将方同学给我们的信拿给方爸爸,说:"这些信是她写给我们同学的,现在让这些信陪她到天堂,让她在那里对我们也有个念想。"于是,这些信件化作一缕青烟,弥漫在空中。

时间过去将近五年了,当年的很多同学都已大学毕业,走上各自的工作岗位,每次相聚谈起这些事情,我们欷歔不已。他们对待生命的态度时时影响着我。正如周国平老师所说:"生命是宇宙的奇迹,它的来源神秘莫测。是进化的产物,还是上帝的创造,这并不重要,重要的是用你的心去感受这奇迹。这样,你便会懂得欣赏大自然中的生命现象,用它们的千姿百态丰富你的心胸。你便会善待一切生命,从每一个素不相识的人,到一头羚羊,一只昆虫,一棵树,从心底里产生万物同源的亲近感。你便会怀有一种敬畏之心,敬畏生命,也敬畏创造生命的造物主,不管人们把它称作神还是大自然。"孩子们以理性、乐观的心态去影响同学,在紧张的学习中还能如此关心同学,这给了在名利场中挣扎的我们许多启示。很多时候是我们从学生身上得到启示,这是老师最大的幸福。

镜头二:理性反思"失误"推动我成长

1998年4月,学校自办学以来第一次组织对外公开教学活动,我很荣幸作为新教师代表来承担公开教学活动。可以想象,作为新教师的我,当时是多么紧张、多么激动。至今,我清楚地记得我们当时用的教材是吉林教育出版社的《思想政治》,我上的是第七课《我国的分配和消费》中的第二节关于我国个人消费品的内容。教材主要讲了按劳分配的内涵、为什么在公有制经济中实行按劳分配、按劳分配实行的形式、实行按劳分配的意义，教材还讲了其他分配方式，有个体劳动所得、按资金分配、经营风险收入、资本和劳动力价值分配。这次公开教学活动之所以给我留下深刻印象，是因为我的两个教学"失误"。

我走上讲台，看着底下坐着外校教师，大多比我年长，一阵控制不住的紧张情绪从脚底向头顶直钻。上课铃一响，教室里顿时安静下来，四周的空气似乎凝固起来了，感觉周围的氧气变得越来越稀缺，我的脑子一片空白。在茫然中，我好像觉得铃声结束了，听到班长喊"起立"，同学们齐声喊"老师好"，我一开口就是"下课"。学生先是一愣，接下来哄堂大笑，我的脸刷地红了，也尴尬地笑起来。说来也怪，在学生的笑声中，我的情绪慢慢平稳了，就这样开始了那天的公开教学活动。

接下来的教学活动很顺利地进行着，到最后马上就要下课的时候，我对学生说，对这节课的内容，有什么疑问，可以问问老师。这时，有个同学站了起来，说："老师，昨天我爸爸去上海，因为他不认识路，在高速公路的出口向一个路人问了路，并给了5元钱，那么这是不是按劳分配呀？"听到这个问题，我平稳的心一下子又紧张起来，我让同学先一起讨论一下，自己在竭力思考着答案。有的学生说，那是按劳动力价值分配，有的学生说是经营风险的收入，还有的同学说不应该问别人要钱，是不合法、不道德的收入。他们议论纷纷，莫衷一是，争论的声音越来越小，他们把目光集中到我身上，期待着我能给一个明确的答案。怎么办呢？其实，我的心中没有确定的答案，我只好这样说道："能提出这样一个问题，说明他在认真思考我们今天学的内容，勇于提问，非常好，同时也说明了我们政治课的知识和我们的生活是息息相关的。而这个问题的答案，老师可以告诉大家，这不是按劳分配，因为不属于公有制经济，至于它属于什么形式的分配，老师坦诚地告诉大家，我也不清楚，我希望大家能够让老师在课后查一下资料，请教一下其他老师，然后再告诉大家。"

伴随着下课铃声，公开教学活动在我的"认错"中遗憾地结束了。在接下来的评课中，老师们对我的口误很宽容，但是对我的"认错"却有许多批评。有的教师认为我课前准备不足，对现实生活的关注度还不够；有的教师认为我不应该"认错"，这样会影响教师在学生心目中的权威；也有教师对我的"认错"表示认同和赞扬。平心而论，我那时的"认错"是无奈的、被逼的，是内疚的。

这次公开教学活动过去了十多年，其间，我也承担了许多不同级别的公开教学活动，然而，随着时间的推移，我对第一次公开教学活动的印象却越来越深刻，体味也越来越深。

宽容是理性面对失误的第一要义，我至今对当时评课老师对我口误的宽容感激不已。正如罗兰所说，当你喜欢你自己的时候，你就不会觉得自卑，当你宽容别人的时候，你就不会感到自己和别人站在敌对的地位。能有这种感觉，即使没有很多朋友，你也一样会觉得满意和心安理得了。我一直认为，宽容是老师最重要的品质。对自己要宽容，也许我们的经济地位没有想象中那么高，也许我们的人生没有想象中那么辉煌，善待自己，发现教师职业也有许多幸福之处；对学生更要宽容，也许我们的学生没有想象中那么聪慧，也许我们的学生在课堂中错误百出，如果换个角度，善待学生，就可以发现学生也有许多可爱之处。

坦诚是理性面对失误的关键所在。后来，我对自己当时的"认错"有着更多思考和认识，我想，假如我不"认错"会怎么样，假如我以教师身份肯定某种答案又会怎么样。思前想后，我觉得，教师的成长在很大程度上取决于如何看待自己，尤其是如何看待自己的失误。优秀的教师总是能够辩证地看待自己的失误,善于将每一次失误转化为自己前进的动力和资源;平凡的教师总是竭力避免失误,小心翼翼、如履薄冰地面对学生,教得心苦不已;平庸的教师总是不敢面对自己的失误,用自以为是的态度消费教师的权威,装得心苦不已。

让理性之光伴随学生健康成长,照亮教师的幸福之路。

(季成伟　江苏省昆山震川高级中学)

为自己谱写一曲幸福的赞歌

看冬日雪花漫舞飞扬,听夏夜虫儿低吟鸣唱,赏春天花儿竞相开放,品秋季硕果甘甜幽香……弹指一挥间,我已在教育工作岗位上度过了二十二个年头。二十二年的忙忙碌碌,使自己很难有机会安安静静地坐下来品味昨天、畅想未来。就在此时,面对窗外纷纷扬扬、静静飘落的冬的使者,我有空和几个也为人师的邻居闲谈。每当谈到教师这个职业时,他们总是唉声叹气,抱怨当教师辛苦,当教师清贫,当教师心酸,数落着当教师地位如何低、收入如何少、学生如何难管等,流露出一脸的无奈和抱怨……

是的,当教师的确不易,也的确清贫,但我们从事的是"太阳底下最光辉的事业",教师是"人类灵魂的工程师"。在诸多职业中,教师是一项光荣的特殊职业,教师队伍构成了现代化建设大军中一道亮丽的风景线。在这里没有钩心斗角,没有污浊浑水,没有高低贵贱,没有私心贪欲。教育如水,教育上的水是圣洁之水,是"情爱"之水,是温柔之水。清明圣洁的校园、质朴无私的教师、纯洁可爱的学生,足以令我们感到自豪,感到欣慰,感到伟大,感到幸福。老师们,摒弃偏见和固执,擦净尘埃和泥垢,为心灵开一扇亮窗,为自己谱写一曲幸福的赞歌。让这首歌成为一首安贫乐教的奉献之歌,一首忠于职守的敬业之歌,一首超越近浅的奋进之歌;让这首歌飘过祖国的大江南北，唱出教师乐观的心态，唱出教师平和的心境，唱出教师无限的希望，唱出教师高尚的人格；让这首歌抹去我们思想上的每一粒尘土，还心灵的洁净，从而学会珍爱自己、肯定自我、欣赏自我、包容他人，让淡淡的宁静将生活化为浓浓的情感浮雕，带着美好的愿望、心灵的期待，踏上征程，走过阳光，越过沼泽，踏出泥泞，走出沙漠，驶向成功的彼岸。

工作上，让这首歌成为"我的太阳"。其实，每一位教师的情怀都是一轮火红的太阳。身为教师，我们的工作平凡而伟大。我们每天奔走在家校之间，路途虽不遥远，但我们会用一生的精力去旅行。每天早晨，踏着晨露，呼吸着第一缕新鲜空气，欣赏着当天别人还没欣赏到的美景，急匆匆奔向我们的"第二故乡"，去迎接天真纯洁的学生。备课、上课、辅导、批改作业，和学生谈人生、谈家庭、谈未来，每天踩着不变的节奏把知识源源不断地输送给一群群花一样的孩子。为了实现学生们的人生理想，老师牺牲了自己宝贵的休息时间，推掉了自己的家事，把最真挚的感情、最温暖的爱心献给了学生。黑板可以作证，粉笔可以作证，讲台可以作证，日月可以作证，天地可以作证。老师的鼓励和赞赏，老师的激将和鞭策，都是对学生的爱，老师们用不同的方式表达着自己的心声，老老实实育人，兢兢业业工作，宁愿亏自己，白了双鬓，好让小树成材，不求尽善尽美，但求无愧我心，用我们的双手托起明天的太阳，这是何等的愉悦和惬意。每天晚上，我们送走收获满筐的学生后，消失在茫茫的夜色中，沐浴在路灯的光芒里，欣赏着闪烁的星星，享受着月光的柔情，又是何等的幸福和满足。我们用自己的执著与奉献，用我们的热情与智慧，架起了一座连接过去和未来的桥梁，每一个从这座桥上经过的人都被注入了人类文明的血液，又带着这种血液去创造人类新的文明。我们虽两袖清风、一生清贫，但对工作始终是一腔热血、满怀赤诚，心系祖国教育，呕心沥血育人，阅尽教坛春色，扶起满园桃李，如太阳钟情于蓝天，似阳光垂青于大地，痴心不改，兢兢业业，毫无怨言，无私奉献。我们用温情、智慧诠释着教育的真谛，用爱心和奉献筑就着祖国的"希望工程"。我们的工作烦琐而复杂、平凡而普通，但我们却向未来竖起了一柱柱桅帆和旌旗，这柱柱桅帆和旌旗把自己和学生带向了成功的彼岸。我们没有"人上人"的高傲自大，也没有"人下人"的卑躬屈膝，坚持以"人中人"的平等理念善待自己与他人。我们用父亲般的"严爱"去约束和引导学生，使学生严其行、正其身，在学生身上烙上刚毅、执著、坚强的优秀品质，铸就他们"血气方刚"的男儿本色；我们用母亲般的"慈爱"去熏染和温暖学生，使学生"亲其师，信其道"，在学生心灵深处植入温柔、慈善、仁爱的种子；我们用朋友式的"友爱"去营造和谐、平等、宽容的师生关系，使学生交其友、亮其心，在学生成长的道路上撒下尊重、理解、信任、真诚的星光。教师"传道、授业、解惑"，把学生逐步引入知识的宝库、思想的殿堂。教师几乎把自己所有的知识都无私地、毫无保留地教给了学生，我们无愧为"人类灵魂的工程师"！我们理应谱写和唱响属于我们自己的人生赞歌。

　　生活上，让这首歌成为"凡人之歌"。我们虽然清贫、清苦，但也清白、坦然、安逸；虽没有豪言壮志的口号，没做惊心动魄的事情，但也没有怨天尤人，没有大悲大喜。我们衣无名牌，着装打扮却朴素得体、自然大方；食无大餐，荤素搭配却自然合理、讲究营养；住无豪宅，居家陈设却经济实用、质朴大方；行无私驾，出行却安全顺畅、风雨兼程，骑自行车既绿色环保，又无堵车之烦恼，一路欢歌，一路惬意。我们的收入虽然不丰，但与他人相比，可以肯定地说，是比上不足，比下有余的。我们没有斤斤计较、怨天尤人，没有奢求额外的回报。教书作为我们的职业，薪水就是回报；教书作为事业，学生的成功就是回报；教书作为使命，祖国的繁荣发展就是回报。论财产，我们两袖清风，屈指可数，但我们却十分富有，因为我们拥有无数学生爱的回报。"时穷节乃见，一一垂丹青"说的就是廉洁的魅力。廉洁是绽放于人类之树的一朵鲜花，是一种心灵的美丽，是一种精神的魅力，是做人之本、成业之根。而教师正是廉洁的化身、朴实的象征。教师工作最大的特点在于每天和天真纯洁的学生交往，教师在向学生传授知识的同时，其兴趣爱好、师德修养、生活作风、人格魅力等都潜移默化地影响着学生，感染着学生。我们不易被社会上的一些污泥浊水侵蚀，不易被社会上的腐朽思想腐蚀，不易被社会上的功利行为左右，我们心净如水、心胸坦荡地从事着教育工作，使教育这池水永远保持圣洁清纯。我们始终恪守着为人师表之信条，远离平庸与低俗，琴棋书画，情趣高雅。风在水上写诗，云在天空写诗，灯在书上写诗，而老师在黑板上写诗。作为人类灵魂工程师的教师，无论面对怎样迷离的尘世，我们都坚守着高尚的道德情操，自始至终都恪守着"灯红酒绿不眯眼，不义之财不伸手"的人生格言，始终高唱着"那间教室里放飞的是希望，守巢的是自己；那块黑板写下的是真理，擦去的是功利……"的教师赞歌，始终信守"捧着一颗心来，不带半根草去"的为师之道，不为名利呕心，不为钱财伤神，仕途前程，安康为福，在学生心中树立起了"道德标尺，正义化身"的形象，给学生做出了道德的表率，在教育这块纯洁的土地上种下了一棵棵不带任何病毒的树苗，使其结出一串串不带任何毒素的果实。

学习上,让这首歌成为"奋进之歌"。教师节的确定、教师法的颁布及实施等一次又一次地把人们的目光凝聚在一个焦点上——教育战线上成千上万的教师。教师承载了国家、社会以及千千万万家庭太多的希望,教师是知识的重要传播者和创造者,连接着人类文明的历史、现在和未来。教师肩负着为社会主义现代化、为振兴中华培育人才,提高民族素质的重任。为了学生的成长和发展,我们要担当学生的长辈、朋友,班级的组织者、管理者,心理健康顾问以及模范公民等多重角色。教师工作是一种特殊的劳动,更是一种富有创造性的劳动。其实,老师也是普通的人,也有酸甜苦辣、喜怒哀乐。在物欲横流的社会背景下,老师们同样面临着诸多压力和挑战。面对挑战、压力和困难,教师们不退缩、不彷徨、不推诿,把学习视为自己的生命源泉,向书本学、向同行学、向社会学、向网络学、向学生学。为了尽快适应新课改要求,我们放弃暑假休息时间,参加各种形式的技能培训,了解新信息,更新旧理念,掌握新教法。为了磨砺师艺,我们参加集体备课,切磋教艺,碰撞智慧;为了提高师技,我们经常深入课堂,互听互学;为了向科研型教师转变,我们自拟课题,积淀教育思想和经验;为了打造高效课堂,我们伏案反思,笔耕不辍,使教育、学习、研究成为自己的职业生活定律。

"教育是一项伟大的事业,一头挑着学生的今天,一头挑着国家的未来。"教师是平凡的,然而教师的使命却是艰巨而崇高的,教师以园丁的辛勤、红烛的情操、春蚕的行为、人梯的态度、春雨的清纯、孺子牛的精神,去修剪、去燃烧、去吐丝、去架桥、去滋润、去耕耘,谱写出一首首奉献之歌、希望之歌、收获之歌,为学生的终身幸福奠基,为国家的繁荣富强尽瘁。"天地君亲师"体现了中华民族尊师重教的优良传统。做快乐的教师吧，快乐着自己的快乐，快乐着学生的快乐。你只有真正快乐了，才不会在这个世界上留下太多的遗憾，才无愧于你的职业，才会有一种超然飘逸的人生情怀与爱意，谱写出人生的精彩篇章，收获秋天的累累硕果。擦亮心灵的那扇窗，让窗外的阳光透过窗棂涌进你的小屋，照亮你的生命，淡然处世，心无杂念，寒冷中也会有百花盛开，百鸟鸣唱！老师们，放声歌唱吧，唱响属于我们自己的那首幸福之歌！

人生，慢慢长远路，纷繁诱惑多，莫被"浮云遮望眼"，本着"淡泊人生蓄以明志，清廉处事方能致远"的理念，去对待我们的工作。愿教师们都能"三尺讲台挥洒一腔热情，一支粉笔写就两袖清风"！

（吴宝席　江苏省沛县第五中学）

梦想，在坚持中绽放

> 曾经多少次跌倒在路上，曾经多少次折断过翅膀，如今我已不再感到彷徨，我想超越这平凡的生活，我想要怒放的生命，就像飞翔在辽阔天空，就像穿行在无边的旷野，拥有挣脱一切的力量。
>
> ——题记

涉足教坛近 20 年，一直有一个梦想，就是想把自己从教的经历与感受以文字的形式表现出来。但由于各种原因，我羞于动口，疏于动笔。但在江阴四年多的实践，尤其是高级职称评审的推动，使我不得不试着拿起自己久违的笔杆，勇敢地向惰性发起挑战，初步实现了"化茧成蝶"的完整蜕变。此段经历给我的最大体会是：越是困惑的时候，越要懂得坚持。

一、梦想，在挫折中萌动

人，不可能总是一帆风顺，有阳光照耀，也有风雨侵袭，正如找工作，我一路从风雨中走来，如今，签约了，工作稳定了，在这一刻，我的思绪又回到了四年多以前。

希望、憧憬，源于自信。正是这样的心态，让我坚信我以后的路，仿佛看到了阳光普照的景象。1994 年，大专毕业的我被分配到家乡一所还不错的乡镇初中任教。曾经在高中阶段风光无限的我，对这样的人生结局颇不满意。还记得，在完成教学工作之余，他人已早早进入梦乡，我却偷偷地捧出从出版社邮购的书籍，踏上了考研之路；还记得，在人家都忙碌着准备过年的时候，我却承载着亲人的愿望与嘱托冒着大雪去应考的情景。宝剑锋从磨砺出，梅花香自苦寒来。经过两年多的努力，我终于如愿以偿地考取了安徽师范大学全日制硕士研究生。

我背负着行囊，安顿好妻儿，怀揣着对未来的希冀，背井离乡，再一次踏上求学之路。求学，工作，再求学，角色的转换告诉我，这样的机会来之不易。因此，读研三年，我几乎是在学校图书馆里度过的。也正因如此，凭着读研期间的优异表现，我轻而易举地获得了当地一所名声不错的高校的辅导员岗位。可以说，那时那刻，正是因为工作没有了后顾之忧，我觉得我是世界上最幸福的人了。在该校人事部门的要求下，我开始报到上班。可令我万万没有想到的是，我在该校工作了半年，当时班级里几乎所有同学的工作都确定下来了，该校的人事部门却以我的年龄超出他们的要求不予录用……那年的春节我是在忐忑不安中度过的。

返校之后，一边忙着帮助导师结题，一边忙着自己的论文答辩，还要不断地关注网上的招聘信息。我托人找关系，想走捷径，可是春节过后，研究生毕业人数好像骤然增多，就业压力陡增。要么投出去的简历石沉大海，要么面试时被这样那样的借口拒绝。当别的同学兴高采烈地踏上工作岗位的时候，我还在开往各地的列车上来回奔波。后悔，当初的自信；后悔，当初考虑得不够周全。但现实毕竟是现实，开弓没有回头箭。内心的矛盾和外来的压力，使我下定了"落实不了工作，誓不回家乡"的决心。人在外地，举目无亲，无奈、无助一时齐上心头。我至今还清晰地记得我的一个最好的朋友在我处于困境时送给我的肺腑之言:"不要总想着他人来挽救你,在这个世界上能够救你的只有一个人,那就是你自己。"

一个偶然的机会,我看到了江阴华士实验教育集团招聘教师的广告,抱着试试看的态度来到了学校。当时的夏青峰校长热情地接待了我,经过近两个月的考察,最终华士实验教育集团接纳了我。知道最终结果的那一刻,我在江阴中山公园的假山上流下了激动的泪水,这一天是6月30日。

二、梦想,在变革中起航

人生之路总是像一个分叉的树枝,不断地从一个岔口走向另一个岔口。选择了华士这个港湾,我漂泊的心有了个归宿。我明白,未来的路很艰辛。我不甘于碌碌无为,只想不后悔自己的选择,对得起他人的信任。因此,我决定在这里起航。

然而,当我怀揣着梦想准备在华士实验教育集团大干一场的时候,眼前的一切却使我不知所措。新一轮基础教育课程改革的春风吹拂着江阴的大地,三年的研究生学习,让我的理论厚度有所增加,但是对于新课程的实践我仍旧是个新手。当我还沉浸在故纸堆里寻找马克思主义的只言片语时,课改开展得如火如荼,形势的发展已经超出我的预料。也就是在当年的秋天,一年一度的江阴市教学开放日,我被推上了教学展示台,其结果可想而知……

尽管在安徽我做了十多年的中学教师,但由于课程改革在当地影响甚微,再加上读研三年我身处大学校园,只注重自己的专业知识,对于新一轮基础教育课程改革的萌发、发展与兴起关注不多。而在江阴华士实验教育集团,课程变革已经趋向于深入。

我这时才惊醒过来,积极顺势而变,捧起了新课程实践的相关期刊，如《人民教育》、《教育研究》、《比较教育研究》，我如饥饿的乞丐趴到了面包上，如饥似渴，汲取新的营养。新一轮基础教育课程改革的轮廓这时在我的脑海里渐渐地清晰起来。教育资源的均衡配置、教育力求公正、师生关系平等重构、课标课程主导、教育样式除弊革新等新观念源源地注入我的心里。时势的发展使我认识到，作为一名教师，绝不能用昨天的知识教今天的学生适应明天的社会。为适应社会的急剧变化以及时代的要求，我必须不断完善自己的专业素养，再一次调整自己的知识结构，学习新的知识，汲取新的教育理念，不断变化，不断创新，这样才能成为知识和文化的化身，才能担当起科教兴国的重任，才是新时期一名合格的教师。

三、梦想，在奋斗中坚持

没有斗狼的胆量，就不要牧羊。含泪播种的人一定能含笑收获。

也许是教育理论知识积累的缘故，在接下来的教学中，我开始在学校、片里甚至市里崭露头角。在历次与兄弟学校的联考中，我屡次取得领先地位，赢得了领导和同仁们的信赖。

更值得庆幸的是，教师专业化发展的春风吹进了英桥国际校园。两年前，我在这种氛围的感召下申报了一个无锡市教师教育个人专项课题"基于合法性视角下政治开卷考试适应性研究"，得到了无锡市教育研究中心的认可。在课题的驱动下，我开始踏上征途。凭着自己读研期间积累下来的理论素养，捕捉课程改革新的动向，我渐渐地摸清了教育规律。

工欲善其事，必先利其器。我从最基本的资料入手，收集和研究近30年来政治开卷考试研究成果，观察其动向，写成《开卷考试：初中政治课改的合法性选择》，被上海一家权威杂志《素质教育大参考》于 2009 年第 10 期刊发，之后不久这篇文章竟被人大复印资料全文转载。紧接着，《素质教育大参考》于 2010 年第 1 期刊发了这个课题的又一阶段性成果《开卷考试背景下初中思想政治课适应性探讨》一文，同样被人大复印资料全文转载。文章的刊发激发了我科研的斗志。仅去年一年，我的文章相继见于《思想政治课教学》、《中学政治教学参考》、《教学月刊》、《教学与管理》、《教育与教学研究》等国家级核心期刊。

这个课题已经结题，送交无锡市教研中心审核并获得江阴市政治学科唯一的优秀等次。结果令我欣慰，也是对我两年多默默耕耘的肯定，但更重要的是，它让我懂得了坚持，更是我面向不惑之年，向"三字头"岁月告别的历史见证。它虽然并不十分饱满丰腴，但为我开启了一个全新的领域，使我对教育更加痴迷，对人类处境更加关注。选择了教育，也就是选择了人生。生活有教育相伴，生命才能闪烁灵光。

四、梦想，在享受中成长

阳光是万物赖以生存的重要条件：小草在阳光的照耀下蓬勃向上，鲜花在阳光的照耀下竞相开放，小鱼在阳光的照耀下游来游去……而我也在"Enjoy"[1]的阳光下享受着成长的幸福。

尽管我校才成立几年，但已经形成了很好的影响。校园内师生关系和谐，文化氛围浓厚，人人都有一种积极向上的精神，处处体现着"享受学校"的理念。很多校长、教师到学校参观

---

[1] 我校之所以将学校命名为"英桥国际"，就是取英文 Enjoy"快乐、享受"的含义。这个 Enjoy，就是要让我们的师生能够享受到人性的丰富与美好，在努力学习文化知识的同时，体验到作为"人"的尊严与幸福，师生同心、同行、同乐，校园成为我们心中的家园。

取经，很多教育名家走进校园与老师们对话，学校如同一个磁场吸引着众人。

正如夏青峰校长所说："学校是播种幸福的地方，是产生思想的地方，是精神升华的地方，它不能成为工厂，不能成为军营，也不能成为争名夺利的竞技场。学校的环境要宽松，氛围要和谐，文化要积极，心灵要舒展。"前任校长是这样认为的，现任陶伟校长更是这样践行的。学校通过发展教师来发展学校，通过打造名师来打造名校。学校多次组织面向江阴市及以上级别的课堂教学观摩活动，教学中所展现出来的深入的教材研读、精彩的教学设计和实实在在的能力培养，赢得了教学同仁的高度评价。学校通过打造"名家讲坛"、"读书工程"、"教师沙龙"、"教科研互助组"等教师专业化发展平台，唤醒教师自我成长的自觉意识。我校已经有不少教师开始走出校门、走出江阴、走向全国，无论在教育界还是学术界都已经发出了自己的声音。

榜样就在身边，这些专业素质出众、具有学科引领作用的优秀教师，为我树立了前进的标杆，提供了不竭的动力。除此之外，学校为教师的专业化发展，提供了良好的网络系统，配备了笔记本电脑、相当数量的图书资源……与此同时，学校对教师专业化发展的管理、规划以及激励都有规可循、有章可依。制度化的管理模式，确保了教师的发展，为教师个人完成自己的三年或五年规划提供了有力的保障。

我依旧沐浴风雨，依旧心存梦想。只要心中有旖旎的风光，就像雨后的彩虹点亮了我的双眸，我仰望雨后的天空，看到的是蓄势待发的阳光，所以，我能扬帆起航，在英桥这个港湾，我开始另一种成长！

（张治升　江苏省江阴英桥国际学校）

第五章 奉献无悔

行走在志愿者路上

"只要人人都献出一点爱,世界将变成美好的人间。"我们都知道被爱是幸福的,但能爱人同样是幸福的,而志愿者们则是同时拥有爱与被爱的一群人。以前,每当看到志愿者们为社会服务的身影,我都非常敬佩他们,羡慕他们,总希望有一天我也能成为他们中的一员,为社会的和谐发展尽绵薄之力。

一、走上志愿者之路

2010年12月,经过培训和考核,我终于走上了志愿者之路。我加入的是无锡市博物院(以下简称"锡博")志愿者团队,做志愿者讲解员。虽然我在三尺讲台上奋斗了十几年,但是做讲解员还是头一回,其讲解方式与教师上课的方式还是有区别的。上岗之前需要经过培训和考核,为了通过考核,工作之外的业余时间我都用来背讲解词。由于年龄大了,记忆力也下降了,我就一段一段地背,利用炒菜、拖地、洗脚等时间背讲解词,总之,一切能利用的时间我都利用起来了。由于要讲解的是出土文物,因此,讲解词中有好多字都不认识,比如"貘"、"奁"、"簋"等,为此我查了字典并做了标注。为了尽快地熟悉内容,我还去了几次展厅,听其他志愿者讲解,并且自己也试着讲。渐渐地,我能脱稿讲解了,熟悉走的路线了,知道在哪儿该停,在哪儿该讲,站在什么位置讲。功夫不负有心人,我终于顺利通过了考核。

二、理想与现实的较量

通过考核，意味着接下来就要正式上岗服务了。那时热情特别高，劲头特别足，我一有空就去锡博服务，来回开两个小时的车，我们的服务时间是上午9点到11点半，下午1点半到4点。曾经有人问我，你服务到11点半，锡博给你提供午饭吗？还有人问我，你每次去锡博要开这么长时间的车，现在的油价多高啊，你去一次最起码要花费50元的油钱，你认为值得吗？同时，我父母也有点反对我去做志愿者，他们认为做这种没有报酬的事情是不值得的，他们也心疼油钱。他们知道我一个人抚养女儿不容易，还花冤枉钱，因此，对我做志愿者的行为不大支持。对于关心我的人的这些想法，我以前没考虑过，经他们这么一说，我是要考虑一下了。教师也是人，也有家庭，有工作，也需要生存，经济问题的确很重要。就算一个月去两次，一百多元就没了，何况还不止两次，一年最起码1200元没了，还有花在路上的时间，为别人讲解花的精力。如果真要算经济账，那肯定是不值得的。可是，难道我就因此再也不去做志愿者了吗？我就因此放弃吗？那可是我花费了那么多精力争取到的，怎能轻言放弃？况且，在服务的过程中，我发现我很喜欢为游客讲解，为游客讲解的时候，我特别自信，特别有成就感，我喜欢看到别人因我的服务而满意地离开，喜欢听到别人由衷地说声"谢谢"，就在那一刹那，我的内心充满了感动。如果人与人之间都能这么和谐，那么生活在这个社会上的我们该是多么幸福啊！经过再三权衡，我做出了决定：我认为做这件事是值得的，是有意义的，我要继续做下去。

三、付出终有回报

为了更好地为游客提供讲解服务，我还翻阅了大量文献，查了大量资料。"古墓奇珍"的墓主人是元代人，我就专门查了元朝的有关历史；"海棠形貘纹金带扣"这个展品里的"貘"到底是一种什么动物，我也专门上网查了；讲解词中有一句"錾刻繁密的花卉纹"，不懂得"錾刻"是一种什么手艺，于是又去查了相关资料；有一块玉器叫"春水玉带钩佩"，不了解"春水玉"是什么，这块玉上还有"海东青啄雁图"，要了解"海东青"是什么，这些我都一一查了资料。以前只会背讲解词，现在查了大量资料，感觉自己知道的多了，底气也足了。在讲解过程中，还有游客会提出这样那样的问题，有时提的问题我答不出来，我只能跟游客说声"抱歉"，事后就赶紧问锡博的老师，或者自己查资料，以防下次再答不出来。第二次考核，我通过了"吴风锡韵"展厅的讲解，拥有了配有自己照片的志愿者牌子，而且这块牌子可以一直放在自己身边。这是件很自豪、很光荣的事。我不是无锡人，但是通过对无锡城市故事展厅的讲解，我知道了掀开无锡文明篇章的"泰伯奔吴"，知道了无锡经历的"吴国——越国——楚国——秦国"这个历史过程，体会到了"经世致用"、"义利双行"的无锡精神，同时也为有些"东林党人"的爱国情怀所感动。每给游客讲解一次，我自己也会受到再教育。所以，参加志愿者活动，不仅是为他人提供服务、提供方便，同时也能提升自己的能力和知识。

每次为游客讲解后，他们都非常感谢我，有的还说幸亏有我讲解，否则，他们一路走过去，真不知道看的是什么，现在经我这么一讲，了解了很多内容，也更感兴趣了。他们能这么说，我感觉自己真的很幸福、很满足。还有一次，我带了一批游客，在参观的过程中，其他游客也被我的讲解吸引过来，听众的队伍越来越庞大，我讲解了一个小时左右，终于把这个展厅讲完了。在结束的时候，我对游客说："本展厅的讲解到此结束，欢迎大家继续参观其他展厅，二楼是'古墓奇珍'，上面也有志愿者为大家提供服务。"此时，一位游客提出让我继续到二楼为他们讲解，我说"可以"，他问我要付多少钱，我指了指胸前的志愿者牌子，然后对他说："我们是志愿者，讲解不要钱。"那一刻，感觉自己的形象高大了许多，我的付出得到了他人的认可，那一刻，感觉到实现了自我价值。做志愿者，是一种爱人的行为，同时也是一种被爱，是一种幸福，收获的是别人的尊重，是人与人之间的信任，是感动。

我在做志愿者的过程中逐渐成长。我由一名普通的志愿者，成长为团队的委员会成员，专门负责招收新成员，兼一个队的队长，调度本队成员的服务时间。作为队长，我每个月要发帖，让志愿者跟帖报名。我要做的事更多了，也更忙了，但感觉更充实了。也正因为这样，我同群里的其他志愿者的关系更加密切、友好了，就像兄弟姐妹一般。在这个温暖的大家庭中，我感觉我好像找到了知己。虽然我们来自各个地方、各种行业，但大家都有着同一个目的，互相关心，互相帮助，服务他人，回报社会，提升自己。走在志愿者路上，我还收获了友谊和关爱。

四、服务中的尴尬

在服务的过程中，我也碰到过尴尬和伤自尊的事。刚上岗服务的时候，我劲头非常足，每次去服务，都早早地在展厅门口或者里面等游客。游客来了，我就主动上前问他们要不要我讲解，可惜我的满腔热情往往遭到拒绝，从他们的眼光中可以感觉到他们认为我在拉生意，讲完后是要付钱的。他们要么笑笑说"不要",要么就干脆不理我,把我晾在一边,真的好尴尬,很伤自尊。几次下来,我都有点不敢去问游客了。后来跟几位志愿者交流,发现他们也遇到了这种情况,最后大家一致认为,游客有这种想法也正常,因为社会上的确存在着那种人。于是我改变了说法:"我是锡博的志愿者,可以为您提供免费的讲解。请问需要吗?"我特地把"免费"两个字说得很响。慢慢地,有些游客相信我了,愿意由我为他们讲解,这时我会很开心。但还是会碰到不领情的游客,有的是因为他们的时间紧,不想细细看,有的是不相信我们。有一次,我去服务,两个多小时没能为一个游客讲解,而且被拒绝了好多次,情绪非常低落,有点打退堂鼓,不想再干下去了。后来,在锡博领导的支持下,我们在展厅门口竖了"此展览有志愿者提供免费讲解"的牌子。有了这块牌子,虽然还是有游客拒绝我的好意,但这样的情况少了很多。

五、人格魅力如枕

作为教师,三尺讲台是我永远的舞台,我也经常在不经意间向学生讲述我做志愿者的感受,向他们讲述我是如何为游客讲解的,游客又是如何感谢我的。我说这些并不是刻意标榜自己,也不是要求学生一定要去做志愿者,而是想宣传志愿者的精神。社会需要志愿者,需要人人献出一份爱,需要善与真。教师的一言一行,本身就是一种教育,这种教育是潜移默化的,直接影响教师在学生心中的形象,也会影响学生对这门学科的兴趣。学生喜欢老师,大多是学生认为这位老师有某个地方吸引他。无论是教学风格,还是教学能力,抑或人格魅力,都会对学生或多或少地产生影响。记得有一次寒假,我作为外援,参加了无锡二泉网的一个活动"情暖回乡路",就是在火车站为那些回乡的民工们送温暖，具体就是给他们指路、送开水、送热腾腾的包子、送贴在门上的福字贴。正当我忙得不亦乐乎的时候，居然有人喊我"袁老师"，我感觉很奇怪，在火车站怎么会有人认识我呢？我朝声音的方向看过去，原来是我所教高一的几名学生。他们在火车站广场上打出标语宣传环保，这是他们在搞社会实践活动。他们看到我，就过来跟我打招呼。他们都很惊讶，我告诉他们我在这儿做些什么，他们眼里满是敬佩之意。我表扬了他们，称赞他们搞的这个活动非常有意义。他们听了我的话，都一致点头赞同。

曾听人说过：人格魅力如枕。一名教师的人格魅力从哪里来？不是说出来的，也不是唱出来的，而是用行动做出来的。学生看到了自己的老师在寒冷的冬天为别人送温暖，这样一种人间温情不知不觉间感染了学生，还需要教师喋喋不休地教化吗？

行走在志愿者路上，有委屈、尴尬，但更多的是快乐，是精神的愉悦；有付出，也有收获，收获了知识、友谊，收获了他人的认可与信任。志愿者的路还很长，它不是百米赛跑，它是马拉松，是持久战，需要的不只是一时的热情、短暂的爆发力，更需要的是耐力，是坚持。我相信，在这条路上，我会坚持下去，以我的绵薄之力，为更多的人提供帮助和服务，把志愿者精神发扬光大，为我的学生做一个好榜样。同时，我也相信，会有更多的人加入这支队伍，志愿服务他人，回报社会，这个世界将会越来越美好。

（袁安慧　江苏省羊尖高级中学）

愿做一支有生命魅力的红烛

人们常把教师比作红烛,照亮了别人,燃烧了自己。这是对教师职业从青春洋溢到枯竭衰亡的一种凄惨写照。在教书育人的过程中,如果我们是一支有能源支持、生命魅力的红烛,那么不仅照亮了别人,还提升了自己。想想自己多少年来所走过的路,在惊艳转身之际,在风景独好之时,不也感动连连、青春永葆吗?

惊艳转身为哪般,收获感动终不悔

我永远不会忘记自己完成惊艳转身的那一幕:2001 年 3 月,因撤乡并镇,我从乡镇成人教育中心校校长的岗位被上级组织安排到现在这所初中担任政教处主任一职,任教九年级三个班的政治,毫无思想和业务准备的我就像一下子掉进了冰窖里。我是一个极其认真负责的老师,既为人师,就有种怕误人子弟的窘迫感和责任感。为了让教学的源头鲜活流畅,我不断地告诫自己,一切得从头再来,学中干,干中学,在求真务实中不断积蓄自己的能量,使自己在较短的时间内成为一名成就感极强的老师。

那年 5 月,我报名参加了政治学科的本科函授入学考试,并以较高的分数被录取,三年后,我顺利拿到了人生履历中第二张本科文凭。至今我还深深记得与首届毕业班学生并肩作战的情景，征程中考，一路洒下的汗水将每一个日子滋润得生机勃勃，终生难忘。

教好"有字书"是我的本职，注重"无字书"对学生的正面影响更是我不懈的追求。我与他们挚友般地相处，细心地呵护他们，一起欢笑过，一起哭泣过，一起震撼过……

那时是闭卷考试，我花费无数心血，挑灯夜战，码字编辑，将应对中考的解答精华浓缩在方寸纸张之间，学生主动请我为他们逐一过堂知识点，预热慢的同学常因此而错过回家吃晚饭的时间，爱生如子的我自己掏腰包请他们吃点晚餐，然后在校继续上晚自习。这样的日子平常得如同静静的河水，安逸自然。

我在平凡的生活中努力追寻不平凡的业绩。年年岁岁迎中考，岁岁年年人不同。一晃十一年了，回想与每一届毕业生朝夕相处的日子，我的内心便进入一种仰望朝阳、低弄嫩荷、侧面浇花、躬身亲子的理想教育境界。守住这份恬然和淡定，我欣喜地发现教育的责任原来是滋润田田荷叶中那一滴滴晶莹剔透的露珠，教育的理想更像美丽花瓣上忙碌着的折射人性光芒的蜂翼。

在我结婚十五周年纪念日那天，一群学生给我送来了一束束鲜花和最诚挚的祝福，世界上难道还有比这更珍贵的礼物？还有比这更激动人心的事？

在为人师的数年苦乐岁月里，确实有时候感觉自己太累，很想休憩一下，但快马扬鞭育人忙的紧张旋律让我再次涌起青春的激情，冲锋号角再次吹响的时候，我有什么理由停歇下来呢？累并快乐着，汗水和心血换来的是一枚枚甜蜜的果实，赢来的是一阵阵热切的掌声，得到的是一片片心静神怡的温馨。

由成教转向初中教育，虽谈不上华丽完美，可我拒绝平庸，一路呈现惊艳，散发芳香。我为什么这么执著？因为我深知，只有责任携理想齐飞，奉献伴快乐一色，才会书写灵动、隽永、芳香的教育诗篇……

这边风景独好，享受幸福葆青春

在互联网十分普及的今天，能拥有自己的网络空间算是天底下一等的惬意和幸福。我也不例外，四年前，我申请了扬州教育网博客，且美其名曰"这边风景独好"，在我的博客公告栏里，我以一段简短朴实的文字——"叶可舞，心可飞，万木葱郁，百鸟歌唱，这边风景独好！不为名，不为利，只愿生命之火永远燃烧"，言明自己开博的最高愿景。

诚如"公告"所言，我喜欢徜徉在自己的博客园地里，用键盘记载自己教育教学生活中的点滴幸福。静静的夜，独自坐在电脑面前，给忙碌一天的心灵卸下沉重的包袱，白天与学生相处的快乐时光以蒙太奇手法不停地在脑海中回放。灵感即到，键盘迅击，心火点点，虽无燎原之势，但快意悠悠，就像穿越寒冷漆黑的冬夜，跋涉迢迢千里的时空，温暖我的教育人生。有时闹钟早已报过零点，但睡意全无，尽情沐浴着职业的阳光与雨露，一种别样的幸福似野草一样在博客园地里疯长，我能有职业倦怠感吗？

十多年前教过的一位学生在回忆他的成长经历时，写下了下面这些感动我的话：

> 初中一、二年级我是在懵懂中度过的。对于学习，印象最深的就是死做题，做死题，一遍又一遍，索然无趣。直到初中三年级，徐兆宏老师走进了我的学习生活中，踏上了我们班的讲台。
>
> 他那一口标准的普通话，那一手漂亮的粉笔字，那新颖的讲课方式，使我们为之一振。学习的激情来自浓厚的

兴趣，徐老师善于从兴趣入手调动每个人的积极性，哪怕是班上最后进的同学，在他的眼里，迟早也会变成一只美丽白天鹅，学生亲热地称他为"宏哥"。

我至今仍清晰地记得徐老师和我们第一次见面的那句开场白："我喜欢大家习惯性地称我为老师，但我更喜爱同学们把我看做邻家大哥，有任何事、任何问题尽管随时找我解决！"由此，我们敬爱的徐老师便成为全班同学的偶像。当然，他的人气绝不仅仅建立在首次亮相的一两句暖人心窝的话语上，整个初三的学习，徐老师的教诲谆谆入耳，课堂上豪气干云的形象令人神往，日常教学辅导精细入微让人心折，解惑答疑之费神劳苦令人心生敬意。

最开心的还是与徐老师论时事，亲自然，融社会。在他的组织下，我们学校还成立了"青春文学社"，利用业余时间读书看报，写写画画，然后由他组织我们交流点评。写得好的，稍作修改，他就投给报刊。就这样，在我们这样一个偏僻落后的小镇，一些同学的习作竟陆续见诸报刊。我的一篇《让爱永驻》也在沈阳的一家杂志上发表，我那高兴劲就甭提了，心似乎飞上了云端。骄傲，有之；得意，也有之。后来，我对文学的兴趣有增无减，我想这与徐老师对我的深刻影响是分不开的。

徐老师是外乡人，住在教师宿舍里。那时我家紧靠着学校，与学校仅有一河之隔。我常在夜晚看见他宿舍的灯仍亮着，第二天又总能看到他略显疲惫的面庞。后来，我以全镇总分第一的成绩考入县中，我想这与徐老师的日夜辛劳是密不可分的。

十多年过去了，这位昔日的学生、今日的同事兼博友、县城区一所小学的骨干老师，还这样铭记我的教诲，传颂我的师德，这难道不是职业幸福的极致境界？

这么多年来，虽然没有成为名家、特级教师，但孜孜不倦、兢兢业业的工作秉性是我引以为豪的最大资本。

怎能忘记，深夜为公开课的某一教学细节而辗转反侧，久久不能入眠的那一次次刻骨铭心的经历？怎能忘记，在教育教学的路途中披荆斩棘，历尽坎坷之后收获的甘甜与赞赏？又怎能忘记，我由一名普通教师成长为县市学科带头人，由中学一级教师晋升为中学高级教师的精彩蜕变？

我常沉浸在绵长的追忆中，并将其变成活跃的字符深埋在博客的沃土里，生根、发芽、开花、结果，原来幸福还可以种植。播一粒幸福的种子，可以收获无数幸福的果实……

"宝应县优秀教育工作者"、"宝应县优秀初三年级负责人"等荣誉称号是对我工作最大的褒奖，我最得意的作品是从我们学校走出去的莘莘学子，当然也包括我自己的女儿。每每收获感动，我都会用心写出幸福的感言与博友分享。听一位初一老师讲读白居易的诗歌《观刈麦》，我深有感触，当晚写出了博文《教育少闲月，六月人倍忙》，将教育的酸甜苦辣诠释在灵动的文字里。

在扬州市第三届教育博客大赛中，我与我以前的学生衡老师分别获得中小组的一等奖，幸福温暖了好长一段日子；在第四届教育博客大赛中，我蝉联了中学组的冠军，摸着烫金的获奖证书，我深切感受到：一个教师，他的生理青春是不能保持的，但是他可以保持职业青春。教师应该像一把有能源支持的火炬，一支有生命魅力的蜡烛，一边燃烧，一边生长。在学习过程中，不断丰富自己，使自己具有更高的燃烧值，更高的照亮度。

（徐兆宏　江苏宝应县天平初级中学）

最好的选择

很多人在初次交流之后总会问我:"从北师大这么好的学校毕业,为什么不去找一份更好的工作,而是选择当老师?"我驾轻就熟地用三言两语概括了公费师范生政策,并且顺便表达了一下作为一名公费师范生的"无奈",然后对方势必会一脸同情地看着我,说:"原来你是别无选择啊。"我也报以同样的表情,我并不觉得奇怪。现在金钱早已成为了很多人唯一的价值尺度,我只庆幸还拥有他们已不知散落在何处的理想和信仰。

以"真"换"真"

在听别的老师聊天的时候已经知道,现在的学生都很调皮,不像以前那样"听话",所以第一次上课之前我几乎焦虑到了极点。每位老师都跟我说第一节课可以随便讲点东西,我却担心镇不住场,恨不得把自己学过的所有东西都倾囊而出,以宣示自己占据了知识的制高点。绷着一张脸走上讲台,酝酿出一个威严的眼神环视教室,看见台下本来带着笑的一张张小脸因为我刻意的严肃而变得有点不知所措,我突然就笑了出来。一直坚持"性善论"的我怎么就用"性恶"来给这些十五六岁的孩子们做了预设呢?教室里紧张的气氛消失了,孩子们又露出了笑容,随即是欢呼和尖叫,用他们最热情的方式来迎接一位新老师,几乎要把屋顶掀翻,也把我的所有紧张都掀翻了。下课的时候有学生冲上讲台对我说："老师，不知道为什么我一看见你就特别喜欢你，你可以给我留一个电话号码吗？"后来她给我发短信，说有的老师上课很有距离感，只有我那天从头到尾一直带着笑，让他们觉得很亲近。

然而，不可能万事都顺风顺水，毕业之前就知道当教师并不是一件容易的事，工作之后有了真切体会。会议记录、读书笔记、教案、教学反思、备课、上课、布置作业、批改作业……每一件事情都琐碎但不可或缺，我手忙脚乱，希望自己和别的老师一样气定神闲，但总是要忙到深夜才能把一天的工作完成。同样是上课，学生只需坐在教室里听40分钟，而像我这样完全没有上路的新老师，则需要花将近两天的时间来准备。尤其是看到学生不认真听，真是恨不得拎起他们的耳朵以发泄我的愤怒。这种力不从心的感觉越来越明显，上课也没有了当初的热情。有一天上晚修，平时总有学生问问题，围得水泄不通，那天却异常安静，我以为是他们别的科目的作业没写完，就没有在意。快下课时，有个学生撅着嘴出来说："老师，你是不是不要我们了。"我觉得很奇怪，问她为什么这么说，她说："你不是说你要去读研吗，还那么开心。"我恍然大悟，原来是之前发了一条微博，说终于可以回母校读研究生了，大概是字里行间解脱的感觉过于明显，让这些心思敏锐的孩子察觉到了。于是我赶紧澄清，说只是暑假回去。那个孩子马上就露出笑脸，然后回头做了一个什么手势，呼啦啦出来一大群学生围着我，有说有笑。这些曾经让我很头疼的学生让我意识到原来自己如此重要。

教育有时候就像一面镜子，你可以从学生身上看到自己的影子，而学生的种种反应也影响着自己的表现。如果总是站在学生的对立面去思考问题，那么，学生自然就会条件反射般地生出抵触心理，如果站在学生的角度思考问题，并且用学生能理解的方式让他们接受，换回的就是学生们的真心相待。用一颗真心换来三百多颗真心，这样的"交换"，有什么不好？

不同的评价

教务处反馈学生对我的评价是"课堂气氛活跃，与学生亲近，知识点归纳清楚"，打分接近满分，然而，第一次期中考试的成绩出来后，我带的班排名几乎全部垫底。

我第一次有了无能为力的感觉，补充再多的课外知识，课堂再活跃，与学生的关系再融洽，在应试教育的评价中好似一文不值。同时，我也感到疑惑：同样的课堂，同样的内容，为什么别的班能考好，而我的班却考不好？那一节课，我什么也没讲，而是让学生拿出一张纸，写下自己对政治课的看法以及认为需要改进的地方。大概是看见我脸色不对，学生们知趣地没有吵闹，而是乖乖低头写字。收上来的纸条内容惊人的一致，学生们一致认为政治课没什么需要改进的地方，没考好的原因就是自己没有背书。多懂事的孩子！他们知道对一个老师尤其是新来的老师而言，学生分数方面的压力有多大，所以，他们尽力安慰我——当时我看到这样的句子几乎要落泪了。同时，也为自己的急躁和片面而羞愧。每次课前的几分钟我都会用来给学生讲些新闻、社会事务或国家行为，并且引导学生独立思考；而且在第一次上课的时候也讲过，政治不仅仅是一门学科，更是一种生活常识，一种公民意识，不要用一时的分数高低来衡量，怎么现在又自相矛盾了呢？

有一次坐公交车碰到一个学生，我记不住他是哪个班的，他却热情地跟我打招呼，然后跟我说："老师，以前我从来不看新闻，上了你的课之后就养成了看新闻的习惯，我爸都夸我。"

下课后，有学生跑过来说："老师，以前我喜欢在网上看一些负面消息，听你说了才知道，原来网上有那么多谣言。"还有学生说："平时看到经济频道总是直接换台，现在看看，发现里面说的货币政策、财政政策自己都能看得懂，还跟家长解释什么叫银行存款准备金，很有成就感。"

有个学生刚开学时天天找我，说想家想得不行，我跟她讲以前高中时自己也每天想家，这并不是什么丢人的事情，但人总是需要长大的。后来开家长会，她的妈妈跟我说，这孩子刚来时娇气得很，现在成长了许多。

我想这才是对我的课堂最好的评价，不是学生能考多高的分数，而是真正地从课堂里学到一些知识，并加以运用。让一个学生独立地成长，比让他考出高分更有意义。

现在我终于可以回答那个问题：什么是"好的选择"？不需要给我带来物质上的富足，也不需要给我带来极高的社会地位和名望，哪怕我在这样的选择中什么具体的利益都没收获到，却依然没想过放弃，我能从里面发现比金子更为贵重的东西。如果重新来一次，我还会毫不犹豫地选择这个职业，这才是最好的选择。

（庞龙婷　广西柳州高级中学）

第六章 真诚关注学生

不求桃李满天下，只愿桃花朵朵开

"教师是人类灵魂的工程师，是天底下最光辉的事业。"崇高的赞誉使儿时的我对教师有了美好的印象，上学时教师们的爱岗敬业更让我敬佩不已。于是，高考填报志愿时我毫不犹豫地选择了师范院校，走上了三尺讲台。

回首二十余载的教学生涯，我感慨万分，其中有苦、有累，有许多不尽如人意，甚至有不少遗憾，但每当"桃李发出芳香"时，便是我最享受、最甜蜜的时候。

"尊重人格"——其乐融融

教师的宗旨是教书育人。教师最失败的就是站在"高高的讲台"上教育学生，这样，学生会条件反射般地拒绝。

记得20世纪90年代初期，学校中途把学生重新分成"提高班"和"平行班"，进行分层教学改革。结果，分到"平行班"的同学自尊心受到打击，出现破罐子破摔的心理状态：课堂上，有的在睡觉，有的在打牌，有的在大声说话，有的在看小说，有的相互打闹，整个班好像闹市一样乱哄哄的。

我强烈意识到重振学生的自尊心与自信心比传授知识更加重要，便在课堂上讲名人故事开导学生，课余时间主动与他们耐心交谈，引导他们正确认识现实问题，测验或考试后，在学生考卷上写上激励的话鼓励他们，还把自己珍藏多年的明信片附上新年祝福送给他们。种种做法使学生理解了我的苦心，拉近了师生间的距离，因而我赢得了他们的尊重与信任。

有一个女同学，因小时候父母离异，无心上学，基础相当差，当她被分到"平行班"时，自尊心大受打击，脾气变得很暴躁，经常捣乱课堂，令科任教师非常苦恼。她与我谈及心事时，泪流满面。见此情形，我没有训斥她，而是以大姐姐的身份不断地安慰她，分析她的优点和缺点，并协调她与家长的关系，课堂上多让她发言，从而享受成功的乐趣，课后我经常额外辅导她，帮助她重新树立起自信心。从此以后，她改变了许多，上课专心听讲，课后认真复习，进步非常明显，中考时以优异的成绩考进了本市的警官学校。

令我印象最深刻的是，"平行班"同学要照毕业照，他们派几个代表到处找我，邀请我和他们合影，当看到我出现时，他们不约而同地欢呼起来，学校领导、老师们齐刷刷地向我投来赞许的目光，令我顿感温暖与欣慰。

许多年后的今天，在接手新生的第一节课上，我一定会把自己最欣赏的名言——"在人之上，视别人为人；在人之下，视自己为人"告诉学生，让学生明白我的教学理念，以便彼此更好地沟通。遇到学生在课堂上捣乱，我从不轻易向班主任"告状"，而是耐心做他们的思想工作，尊重他们，把爱心与关心送给他们。就这样，我快快乐乐地送走了好几届学生。学生们对我的称呼也从十年前的"姐姐"改为现在的"妈妈"。下课后，女同学非得左一个右一个地挽着我的胳膊走路，从教室走到办公室，从办公室走到校门口，那股亲热劲让其他老师羡慕不已。每学期学校开展期末教师评教活动，学生对我的评价都是优良，我曾多次荣获"最受学生欢迎教师"称号。

专家提出：教育的前提是尊重。人皆有自尊心，皆有人格尊严，处在成长期的学生更是敏感与脆弱，更需要教师的细心呵护。尊重学生，处处维护学生的自尊心，学生一定能感受到教师的这份爱心，他们必定以特有的方式回报我们。

"导向正确"——责无旁贷

2009年10月24日，为抢救两名落水少年，长江大学十多名大学生跳进湍急的长江中，孩子得救了，其中3名大学生却献出了年轻的生命。

围绕着"大学生应不应该救落水儿童"这个话题，某校思想品德教师上了一节全市公开辩论课。

一名口齿伶俐的女同学反驳对方："大学生不应该救落水儿童。因为一来他们受过高等教育，将来会对社会作出更大的贡献，而儿童成长需要家长乃至国家付出更多的人力、物力和心血；二来大学生们不开动脑筋思考如何采取更好的措施施救，结果导致三名大学生牺牲，太不值得了！"……几十个轮回后，还是那名口齿伶俐的女同学占了上风。最后一项教学活动是评出辩论优胜者，全班五十几个学生除少数几个没有发表意见外，其余同学都不约而同地评选口齿伶俐的女同学为优胜奖获得者，授课教师居然没有做过多点评和引导，状况实在令人担忧……

在课后的教研评教活动中，形成了两种截然不同的观点：一种认为引导学生辩论，激励学生思考，让学生说出自己的想法，尤其是那个女同学的表现值得表扬，这种课堂教学模式是可行的；另一种观点认为，虽然"辩论赛"教学模式可行，但作为思想品德教师，没有很好地对学生加以引导，让学生明辨是非，整堂课给学生一个错觉——"大学生救落水儿童不应该"，不利于培养学生助人为乐的精神，单从这个教学目标来说，本节课的教学是失败的。

本人赞同第二种观点。教书育人是教师的本职工作，教师的人生观和世界观对学生的影响是非常大的，甚至可以说是终身的。苏霍姆林斯基曾告诫我们："请你记住，你是教师，是学生的教育者，生活的导师和人生的引路人。"在教学中，给予学生最基本的是非观念和正确的人生观念，是责无旁贷的。

面对落水儿童，大学生奋不顾身地伸出援手，舍己救人，体现了人性的升华。无论如何，我们应该弘扬这种精神，绝不能让学生对此产生丝毫的怀疑。

因此，我们需要时时处处保持高度的敏锐感和责任感，给予学生正确的引导，以理服人，以情动人，激励学生坦然面对困难和挫折，做一个热爱生活、乐于助人的人。本节课出现的状况只能说明教师本身的政治素养有待提高。

又是一节全市大型公开课，主题是"加强自我保护意识"。教师在课堂上列举了一则教学案例：一个小孩子独自在家，接下来会发生什么事？学生顺着教师的思路说，会有坏人进来，然后这个小孩应该如何求救……

我在评课时提出疑问："在现实生活中，我们无疑需要教会学生加强自我保护意识，但在选材方面，是不是需要慎重考虑，为什么要引导学生思考一个人在家就一定会发生不幸或不测，我们为什么不引导学生往好的方面想呢？佛家有言：'心静则国土净。'从小给学生过多灌输生活中的阴暗面，令学生忧心忡忡，会不会扭曲教育的本来面目？"

我国著名漫画家丰子恺先生说："人生在世，当求自身的圆满，即求真、求善、求美。对一个人而言，美是皮肉，善是经脉，真是骨骼，这三者就支撑起一个'大写的人'。"

新教育改革发起人、中国教育学会副会长朱永新教授提出：教育要回到原点，品德课就要培养孩子真善美的品性，把真善美的种子播撒在孩子的心田。

在教学中向学生传授正确的人生观、世界观，教会学生追求真善美，让学生心灵保持纯净、善良、美丽，这才是教学的根本所在。我们又何苦人为地向学生灌输社会阴暗、肮脏的一面呢？正确导向无疑是教师对教学影响的最好诠释，它与教师帮助学生获取高分是不能相提并论的！

"启迪心灵"——任重道远

现代教育观要求教师从"教书匠"向"教育家"转变，要求从"以师为本"转向"以生为本"。作为教师，我们不只是承担着传授知识，使学生取得好成绩、升入好学校的任务，更重要的是让学生学会做人、学会发展，把德育放在一个重要位置。

苏霍姆林斯基说："作为一名教师，重要的不是你教出了多少成绩优异的学生，而是你塑造了学生什么样的人格。"

当今社会，随着网络媒体的发展，不良信息随时随地影响着青少年不成熟的心智："小悦悦惨剧"让学生看到现实的冷漠；"三鹿问题奶粉"事件让学生责疑商家的道德与责任；犯罪现象让学生痛恨罪犯的无耻与丑陋。如何正确引导学生认识社会的不良现象，启迪心灵，培养德行，教师任重而道远。

本人前两年在活动课里开展《弟子规》学习，引导学生在家做一个好孩子——"父母呼，应勿缓，父母命，行勿懒"，同时处处关心父母——"冬则温，夏则清，晨则省，昏则定"；在学校做一个好学生——"读书法，有三到，心眼口，信皆要"；在社会上做一个尊师重道的好公民——"或饮食，或坐走，长者先，幼者后"……

课堂教学中播放《亲尝汤药》、《扇枕温衾》等一系列感人至深的孝亲故事，引入陆游的"位卑未敢忘忧国"，范仲淹的

"先天下之忧而忧，后天下之乐而乐"，鲁迅的"我以我血荐轩辕"等名言警句，让学生在感受传统文化丰富内涵的同时，树立起民族的自信心与自豪感，将学到的知识内化和升华，促进自己全面、持续、和谐地发展。

更重要的是，引导学生在行动中提升品德修养，如给父母写感恩信，为患病同学募捐，走出校园进行环保实践，等等。通过一系列活动，培养学生的爱心、善心与责任心，使其感受帮助别人、服务社会的幸福与快乐！

一分耕耘一分收获！同学们心中善的种子终于开花了。本人任教班级的刘创权同学面对陌生同学陷入困境毫不犹豫地伸出援手，在平安夜里号召本班同学上街募捐，写下了一篇感情真挚的《特殊平安夜》，发表在《青少年日记》2010年第4期上。他在文中写道："入夜了，大街上人流稀少起来，天空中吹起寒冷的北风，我们明显感到了寒意，但我们内心却温暖无比。我们在大街上不停地走了两个多小时，也不停地喊了两个多小时，成绩非常喜人：我们一共募捐到四千八百多元……这是我第一次当义工，第一次做善事，觉得很累、很不容易，但一直很开心、很温暖，因为生活在一个充满爱心的集体中，我为此感到庆幸和自豪。回到家已很晚，我想起平常不舍得打开的零钱罐，今晚我毫不犹豫地砸碎了它，把所有的零钱全部拿了出来……'有付出才能有收获'，今晚的行动使我对这句话有了更深刻的理解：我们在付出体力、付出汗水的同时，收获了爱心、收获了快乐，更收获了温暖。我们不求好人有好报，但求好人有好梦。"

刘创权同学发起这个行动，绝对不是偶然的，没有正确的思想引导不可能发生。我们有理由相信，经过努力，他的责任心和爱心，会变成一种心灵的习惯。在正确的思想引导下，同学们完全可以提升品德修养。

教师的职责是"千教万教，教人求真"，教师在日常教学中要时时记住自己的责任与使命，提升政治素养，提升觉悟和敏锐度，引导学生求真、求善、求美，逐步成长为一个适应社会、身心健康、全面发展的"大写的人"。

教师应言传身教，为人诚恳、真挚，尊重学生人格，用正确的导向影响、感染、鼓励和启迪学生们的心灵。不求桃李满天下，只愿桃花朵朵开，让我们向着这个目标努力迈进！

（黄军谊　广东省韶关市第九中学）

当好学生成长的引路人

教学中要激发学生的兴趣,让学生在快乐中学习,产生情感共鸣。这是我们在学习教育理论时不断强调、反复接触的理念,也是我不断努力、孜孜以求的教学境界。

走上讲台成为人师后,在这些教学理论的指导下,我致力于探讨如何让自己的课吸引学生,怎样激发学生的学习兴趣,从而在欢快的气氛中进行教学,提高教学质量,达到润物细无声的效果。

但是,具体到教学实践中,我却发现自己掌握的理论与学生的情况有一定的差距,尤其是在课堂教学中,我注重的是知识的学习,着眼于教学目标的实现。这样的课堂虽然被知识填充得很满,但总有一些沉闷与压抑,总有一些学生打瞌睡或走神,于是,我为自己成为灌输型的教书匠而非让学生乐学、好学的引导者而深深地内疚。

到了学期末,有学生给我的评价是:老师,我们通过各种渠道获得的消息跟你讲的、跟课本里的内容大相径庭,既然如此,你又怎么让我们相信课本呢?

经过一段时间的反省、摸索,在与学生的交流中,我强烈地意识到,要想激发学生的兴趣,使自己的课堂成为真正受学生欢迎的课堂,必须脱离空洞的理论讲授方式,结合生活中尤其是学生身边的事例进行教学,从实际中引申出理论。唯有这样，方能引起学生的共鸣，使自己成为受欢迎的教师，让课堂成为活力四射的乐园。

于是，我花更多的精力去关注身边的事，关注社会的热点，关注政府的焦点，并把这些焦点话题纳入课堂教学中，引导学生认识生活中各种各样的现象。

一个个鲜活的事例，使课堂沉闷的气氛发生了转变，也让我收获颇多：首先，打瞌睡、走神的学生越来越少了，课堂上，学生或开怀大笑，或唇枪舌剑，课堂变得生动活泼了许多；其次，学生对我的评价提高了，在我的课堂上，他们了解了不少平时没有接触到的情形，掌握了学以致用的方法，加深了对一些现象的认识……于是，我在他们眼中不仅博闻强识，格外有才，还能满足他们的好奇心；最后，我花在那些比较单调的教材理论上的时间和精力少了，开阔视野的窗口多了，而学生由于感兴趣而在课外多下工夫，成绩也有所进步。如此的双赢，让我觉得自身轻松了许多。

就这样，我沉浸在自己教有所得的成就感中，并在自我满足的氛围中带领着一届学生。带着自信与满足，我跟学生一起度过了两年，之后一起步入高三。

到了高三阶段，我们按计划准备发展一些优秀的学生入党，然而，在与学生的交流中我却发现，学生对入党的感情是复杂的。一方面，他们对我们的入党培养表示感激和信任；另一方面，他们又顾虑重重：这样的一个党，究竟能不能引领自己寻找幸福、实现人生的价值？

这不禁让我感触良多：在我们平时的教育中，往往没有很认真、很正式地跟学生讲什么叫"政治正确"、什么叫"讲政治"，也没有跟他们深层次探讨党领导国家的种种困难和取得的巨大成就。于是，学生对党、对国家的印象，就很容易受通过媒体传播开来的诸如贪官、豆腐渣工程等负面现象的影响。

学生的认识停留于感性层面，与我们没有很好地对学生进行正确的政治引导紧密相关，从这个意义上讲，学校教师也应负有一定的责任。具体到我们政治学科，政治教师更是难辞其责，因为我们肩负着用马克思主义理论、用发展着的中国特色社会主义理论武装学生的头脑，让学生树立正确的世界观、人生观和价值观，使他们成为合格的社会主义事业接班人的使命。

我们过分地关注学生的兴趣所在和学生的生活环境，对学生少了正确的思想政治方向引导。教师的一言一行，可能对学生产生深远而持久的影响。当我们对社会不和谐现象进行较为深刻的分析时，学生就会很自然地运用我们的思路和方法去极端化地理解他们所接触到的社会，这种极端化的思维方式使得学生在思想需要转弯时却难以自动转向。作为党和国家教育方针具体而又直接的执行者——人民教师，我们理应引导学生树立正确的政治信念，提高其思想觉悟，尤其是在学生的政治理论素养不高、社会经历不丰富、对人生的理解不够深刻的阶段，特别需要加强引导。

明白了这些，我努力地改造课堂教学：当学生对腐败义愤填膺时，我会适时引导他们——腐败不是此时此刻才存在的问题，而是历史上长期存在的问题，中国历代治国者多数努力整治过，但真正解决得好的并不多；腐败也是一个世界难题，当前我们国家不断报道出的高官腐败，恰恰说明了党反腐倡廉力度的不断加大和"法律面前人人平等"的法制理念的不断增强。当学生困惑于"三公"消费问题时，我会带领学生辩证地认识这个问题：关注这类问题无可厚非，但我们在看到其客观存在的同时，更要认识到社会关注的作用所在——我们的不断关注使得它们的曝光率越来越高，从而使政府官员的消费越来越走向透明化,其中也体现出党和政府直面问题的坚决态度和为保障人民的监督权付出的不懈努力;当学生质疑形象工程时,我会引导学生分析问题的成因,并引申出当前党治理国家的战略思想,科学发展观能强化各地官员的执政理念,最终引导社会走上科学发展的道路……

这样的转变,使得我的课堂既能直面生活,从现实中汲取源源不断的"活水"来充实课堂,畅谈世界大势、柴米油盐,激活学生的兴趣,又能引导学生逐渐树立正确的世界观、人生观和价值观,从而达到我们教育教学的根本目标,在教学过程中完成对学生情感、态度、价值观的引导。

这一切的努力,既是为了学生的健康成长,也是我们的责任:在我们的培养下,学生面对生活中不完美的现象,就会自主地用辩证唯物主义的眼光看待,并理性分析现象背后的深层因素,能看到党和国家事业的伟大进展,能感受到党和政府正在努力作为,进而加深对党的感情,培育爱国情怀,对社会充满希望,对未来充满信心,做一个积极上进的人。

这一切源于我的政治素养的不断提高,由简单追逐课堂气氛,迎合学生表层需求,转化为先进理论引导,帮助学生终身发展。做一名有政治素养的教师,我在实践着、努力着、进步着。

(郑楚彬 广东省普宁市第二中学)

此生摆渡只为伊

2008年8月,我作为一名研究生,免笔试直接进入复试,一路过关斩将,以文科组第一名的成绩被大连市甘井子区教育局录取为思想品德老师,与10个本科生、1个研究生一同被分配到一所普通公立九年一贯制学校。

到新学校报到时我蒙了:那个和蔼可亲、逐一和我们握手的领导,居然就是对我"打破沙锅问到底"的评审团团长。在入职大会上,校长只用了"党员,研究生"五个字来介绍我,但我感觉这五个字就像一把刀给我刻下了"高标准、严要求"的度量衡。我暗暗起誓:一定要珍惜机会,不辜负领导的知遇之恩!

岁月嬗递之间,我与梦想"贴面"已三年。夜阑人寂时,我忍不住扪心自问:曾经梦想着在三尺讲台上勾勒人生的我,如今可曾后悔当初的选择?

一、努力适应环境,竭力尝试"突围"

刚报到不久,一位高中学历的校工毫不客气地问我:"怎么现在就业形势这么严峻?你们干吗到初中来搅和?最差也要到高中去啊。"我无语。她接着说:"看来,念不念研究生都一样,都是市场上的大白菜——没人要!"

随即传来区教育局领导破例为首次招聘的研究生转正定级

的消息，这个消息在年级组内炸翻了天。"凭啥研究生刚来就给兑现中学一级职称？我们天天累死累活的，要评上并兑现中学一级职称还要考试，要熬5年呢！"

此后，大家明里暗里监督着我们两个研究生。偏偏那妹妹不听我劝，一味狂躁地流露出自己"屈尊"到中学的委屈，事事拈轻怕重，处处口吐狂言，表现极不成熟，只剩我一个人如履薄冰地坚守着自己的本分，心中的悲凉挥之不去。果然，半年后的实习期考核，大家犒赏了我们俩一顿"好果子"。

痛定思痛，我决定让自己去适应环境，因为环境永远不会来适应自己，即使这是一个非常痛苦的过程。想起报到之前我在网上搜索该校信息，结果连地址都没搜到的情况，我主动向校长提出为学校做新闻报道。

获准后，我自费购买了照相机和硬盘，自学拍照技术，开始在校园的角落挖掘新闻。三年后，我在国家和省市区各级媒体上发表新闻报道近300篇，为学校积累了三册媒体报道集和大量的学生活动以及领导视察等照片，学校因此被评为区级"信息报道示范校"，我个人被评为"区十佳信息报道员"。这件事改变了大家对我的印象。

除了新闻报道外，我还主动承担起校办的收纳与清扫工作。经过这些锻炼，我已经能够迅速而准确回答出校长的各种问题，比如，"新楼施工图纸放在哪里"、"去年三月份人大会议发言稿搁哪儿去了"、"今年总共有多少位老师评职"、"老王是哪年哪月退休"等，也能够在各种接待前高效而美观地摆好各类展品、果盘与茶水。第二年，学校安排我教初二年级的思想品德，并给我新增了教师教育干事、教科研干事和党支部干事三项兼职。第三年，我转而教初三年级的思想品德，主抓人事干事，兼做档案干事、货币化分房专干、党支部干事、校办收纳与清扫，进入了加班、熬夜、挨训和重返工的工作狂状态。

如今回望前路，我庆幸所有的苦没有白吃：当初那个一站到公共场所就腿软、心慌、忘词的"腼腆王"，已经能够自如应对1000多位学生、106位同事和61位退休教师的"刁难"了；当初那个受委屈之后忍不住抹眼泪、说泄气话的"大鼻涕虫"，也逐渐锻造出一副抗摔打的"厚面皮"了。

二、内心的坚守与必要的拒绝

随着工作量的加大，我开始渐渐吃紧，许多工作的琐碎与细致远在我意料之外，就算我疯狂地加班加点也无法完成。比如，这头要为日本访问团来访拍照、写新闻，那头是期末考试前的最后一节课；这头要参加一项比赛，那头人事科限期办理评职手续；这头市级学科研训活动我不能缺席，那头主任却让我务必参加区内科研现场会；这头副书记安排我写"学习、实践科学发展观"的总结材料，那头副校长却要我把教学检查迎检资料列一份目录清单出来……

陷入时间或地点冲突时，我就像热锅上的一只蚂蚁，火急火燎却又束手无策，恨不能有分身之术，把鱼和熊掌兼得起来。渐渐地，那种初入职的兴奋和激情被消耗殆尽。看到其他人杂事一概不揽，就连响半天的办公电话也不去接听，绩效工资照样高，人缘也不比谁差，而我却揽了一堆出力不讨好的兼职，我的心理终于失衡了。那段时间，我嘴角一贯的笑容没有了，一贯轻盈的脚步沉重了，额头的皱纹倒是越拧越紧。

有一天，我把由我打印装订的一份通知送给校长，结果被他一顿狠批："小丫蛋，这两页装订顺序颠倒了，不应该啊，提出批评！"我解释说由于匆忙没仔细检查。校长接着说："匆忙就是出错的理由吗？"听到这话，我的眼泪像决堤的洪水奔涌而出。我怯懦地说："我实在是有点承受不了了,我每天都加班,可是每天都有干不完的活儿。"校长语重心长地说："年轻人多干点活儿不是坏事,作为一名党员,组织上信任你才会给你压担子,据我观察,你做得挺好。当然,工作中要讲究方法,你最大的缺点就是自卑,想一想,咱是党员,是研究生,有什么好自卑的?必要的时候,你要学会拒绝。"

从校长室出来后,我着手调整自己的工作方法——对于那些必做事项,我按照轻重缓急程度设定处理顺序;对于以前因抹不开面子而难以拒绝的要求,我勇敢地说"不"……

我想起了小时候母亲给我讲的"不语禅"的故事:一户人家有五个兄弟,有一天晚上熄灯后他们互相监督噤声情况。过了一阵子,老大说:"好晴天!"老二立马接上:"满天星!"老三顺次道出:"天上一个大明月!"老四训斥说:"咱娘不让吱声了,你们还吱声!"这时候,老五低声说:"吱声不吱声的,俺可没吱声!"我想,今后不论发生什么,我都将努力修好自己的"不语禅",不会再让无谓的攀比左右自己坚守的心。

三、未雨绸缪,功夫在平时

在做教师教育干事和教科研干事时,我发现教导处的资料存在拼凑应付现象,主题散乱,不成体系,于是我就琢磨着自己该干点什么。此后,从学校的发展理念和教育局的学年主打结合点出发,我利用挤出来的点滴时间甄选、编辑并打印出两个学期的论文、案例、反思、说课稿共60万字,将其纳入教师教育和学校课题研究范畴,并装帧了精美的封皮和目录。堆放成半米高的"集锦"系列资料,在区教育局领导视察之际,发挥了很大用途。后来,这套资料陆续被用在了区督学室和区科研室等多次迎检工作上,并获得一致好评。该做法还被区科研室采纳，用于整理全区相关课题的资料。

在课题开展方面，我向学校提出将科研能力纳入评职排序和绩效考核中，这个建议被采纳后，调动起16位骨干教师和20余位待评职教师的积极性。接下来，学校的课题研究正常开展，并获得成效，近30位教师的科研成果被收入区域课题电子书。大家从中尝到了甜头，学校也因为科研氛围浓厚而获得上级的肯定。

随后，学校准备出版校本课程《逝水留香》和《国学精讲赏析》，但收集上来的材料良莠不齐，距离付梓水准甚远。由于"集锦"系列的成功，加之我曾针对前期出版的校本教材《蜗行不息》和《作文全程导学》中的错别字提出过专项建议，领导责成我全权负责此事。这是兼职之外的兼职，我还是只能"开夜车"，经过突击，我顺利完成了这项任务。

四、要抓机遇，更要苦练内功

在教学工作中，给新人的机会凤毛麟角，比如当班主任、讲授公开课或比赛课等，新人出于迫切表现和证明自己的心理，在尚不具备条件的情况下冲上前去，往往会第一个"中弹倒地"。

我们12个新人中，有两个主动申请担任班主任，都于三个月内被撤换。另两个尽管仍在带班，但已成为全校有名的"咆哮派"，多次受到领导批评。我自己在比赛方面也有惨痛的教训——在侥幸获得每两年举行一次的区青年教师素质考核一等奖之后，我做起了"三连冠"的美梦。第二次机会来临时，我熬了好几个通宵，主打深度与特色，将说课的教学理念、教法学法和教学流程设计成一个完美的体系，即便是个别词语也费了几番斟酌。等到说课结束，我却名落孙山，原因是没有用细腻而完整的教学环节证明自己的理论体系。为了求稳，我严格按照教材内容进行设计，结果却输在选课没充分体现自己的教学风格、上课没突破教材逻辑藩篱上。此后，区教研员不仅在公共场所抓我做了"负面典型"，在私下里更是把我打入"没开窍"的深渊，境遇远不如另一名中途弃权的同仁。这次比赛让我懂得：对于木桶来说，仓促完工的绝不是精品，唯有过硬的真功夫，才能经受住水的考验。

如果说上述比赛仅限于专业经验的话，那么，2011年7月的大连市教师教育信息化优质课竞赛则更青睐于现代教育技术。该比赛要求参赛者进行十分钟的说课，说课过程中需要播放自己的课堂实录来辅助说明，我准备的是单机位非专业实录片段。当高手们熟稔地播放双机位专业实录片段时，我才知道有一种技术叫做画中画！有一种教学媒体叫做电子白板！这次比赛让我懂得：对于木桶来说，任何一块短板，都会是致命的缺陷，限制着水容量的大小。从教以来我的心头首次袭来危机感：不能够一毕业就跟不上时代，我要恶补现代教育技术知识！在学校新楼建成时，我强烈推荐安装电子白板这个建议被学校采纳。

董仲舒说："善为师者，既美其道，又慎其行。"我一直致力于营造与学生打成一片的局面，并做了许多细节性尝试，比如QQ交流、课间辅导、面批作业等，但效果都不好，我找不到原因。经过观察，我发现有一位老教师虽然平时不怎么与学生交流沟通，但学生却与他亲昵无比，不仅课堂气氛活跃，而且学生在升入高中之后还与这位老师保持着密切联系，于是我虚心登门请教。他听我说完之后，问我："你能叫出多少位学生的名字？"我摇头。他接着说："在最短时间内准确叫出每一个学生的名字，这就是与学生最好的沟通与交流。记住，是每一个！"我恍然大悟。

五、心态放平稳，业务求精细

2010年夏，学校由九年一贯制学校分立为初中，前任人事干事因为没能留在中学而悻悻离去。我在没有工作交接、师傅引领和业务培训的情况下走马上任，在教课和做科研的同时，穿插着办理涨工资、评职称、离退休、调动交流、合同管理、党费收缴、货币化分房、工资福利年检、事业单位年报、干部档案和业务档案整理等工作。

在"摸着石头过河"的阶段，我吃了不少苦头，光是整理干部档案就让我"喝了一壶"。167名教师的干部档案已三年未整理，整理第一份时，我没有样本借鉴。把做出来的活儿拿给其他学校的人事干事看，都说没问题，拿到区人事科负责档案的老师那里，却因为类别、缺项、裁纸、放置顺序、对齐方式和装订线颜色等问题而重返工近10次，最要命的是，负责的老师每次只指出一两个问题，每次都说上一句："你一个研究生就干这样的活儿？"所幸我校教工早就给我扎上"抗质疑"的"预防针"。

评职、年报和涨工资等工作更是容不得半点马虎。有一次我不小心输错了一位教师的身份证号码，在领到笔试准考证的时候才发现，只好紧急打车去修改。2011年2月，第一次年报时，我将"千元"单位误认为"元"，得出的数据被区里好一顿嘲笑。2010年11月，给退休人员涨工资时，更是"哑巴吃黄连"。我刚来学校两年，哪里知道学校自建校以来都有哪些教师退休，他们的出生年月与职称是什么，其中又有哪些已经死亡，死亡时间分别是何时。按照会计从区人社局拷回的增资报盘，我发现许多教师的职务、出生年月不合逻辑，更要命的是，我做出来的报表里有5个人的工资数额过大或过小，但究竟错在哪里,好几位"老人事"都没分析出来。我只好逐人逐项分析,在某个子夜时分,我终于推断出报盘里5人的"基本退休费"和"历次增加退休费"等数据填写错误!

此生,我求学二十载,只为接过"传道授业解惑"的衣钵;如今,我愿做一叶扁舟,泊在基础教育的渡口,为过往的人流摇桨摆渡。

(王光红　大连弘文中学)

对人的尊重是教育的根基

凯同学不知什么原因,上课时常睡觉,如此嗜睡的确少见,你喊醒他,眼睛红红的,一脸倦容,加上不太梳理的头发,青春年少,搞得像个小老头子似的。

作为教师的我,追求学生成长"一个都不能少"的教育理想,不想落下任何一个学生,铆足了劲想改变他。我找他谈心,问他:"为什么有睡不完的觉?"凯怯怯地说:"睡习惯了。"还真是睡成瘾了!我笑了笑,心知问题在哪里,便开导他:"人生要有抱负,学会管理自己,有了动力,有了自制力,就会有生动的明天。"凯点点头,答应我:"以后上课不睡觉了。"

大凡习惯不太好的学生,不是一两次谈话就能让其焕然一新的。果不其然,没几天,凯的老毛病又犯了,上课时依然伏在桌子上睡。真是没辙!心想,得让他长点记性。于是,当着全班的面,我对凯说:"既然这个老大难的问题不能自行得到解决,得发动人民群众了!我建议你与班级约定好——保证上课时不睡觉,让全班同学来监督你,如果上课再睡觉,等于违约了,就以鞠躬的方式向全班同学表示歉意。"凯顺从地点头了。

尽管是一时的念想,但我觉得这个约定没有什么不可的:一方面,自律能力较差的学生,需要外部力量来约束;另一方面,作为教师,我们也有必要帮助学生培养责任意识,让学生对自己的不良行为有所承诺、有所承担。

好长一段时间，凯没有在上课时间睡觉了，课似乎也在听着，我为这一特别的"约定"而沾沾自喜。但事情没有这么简单，经历了较长时间的坚持，忍受不住的凯又不知不觉地趴在课桌上酣睡起来。面对此情此景，我心中的不快陡然而生。旁边同学看到我停下课注视着凯，赶忙推醒他，我没好态度地说："你说该怎么办？"睡眼蒙眬的凯，一脸无奈，我没有就此放过的意思："'君子一言，驷马难追'呀！"课堂里变得很安静，几十双眼睛一下子聚焦过来，似乎在旁观着猫捉老鼠的游戏，似乎在等待着一次"正义"的审判……片刻僵持后，"胳膊扭不过大腿"，凯缓缓地走到讲台，向同学们深深地鞠了一躬，与此同时，一位女同学"咯咯"的笑声愈发清脆地划过静得出奇的教室上空……

课间，攀同学找到我说："老师，不要让凯鞠躬了，这样会伤了他的自尊的。"我心里咯噔一下——是吗？一语惊醒梦中人！我匆忙对攀说："啊！我知道了，你先帮我安慰安慰他。"闪念间，我意识到，"咯咯"的笑声一定刺痛了表面上平静的凯。良好愿望与实际效果不能做到有机统一的教育，并不是好的教育，我不由得担心起来……

纰漏总是在不经意中出现，强化学生的责任意识本没有错，但学生的人格尊严必须得到尊重，这是教育"以人为本"的应有之义，教育不能以损伤自尊为代价，不能通过奴化、让学生臣服而达到现时的目的。按照美国人本主义心理学家马斯洛提出的需求层次理论，个体最基本、最普遍的精神需求就是爱与归属的需求、尊重需求。不管怎样，要让学生人人有尊严地行走在教育的"春天里"，让他们得以健康、茁壮地成长。

这时，本以为对学生负责、关爱有加的我，更多的是自责。我体会到：教育，仅有好的出发点是不够的，无视学生的尊严，不注重学生成长的心理环境，有可能引起学生自暴自弃，甚至会引发学生群体的不满，师生关系也由此难以融洽，必然导致所期望的教育教学目标难以实现。

对于攀同学，我心存感激，如果没有他的大胆谏言，我就不会意识到去修补师生之间的心理隔阂。

第二节课上，尽管我内心有过矛盾和斗争，但最终还是决意放下"师道尊严"的架子，敞开心扉与学生回顾上节课发生的一切，解释我的本意，感谢攀的提醒，也表示了对凯的歉意，而且认真地给凯鞠了一躬，此时，教室里响起掌声……

掌声里，既有对教师超常规动作的赞许，也有对尊重每个人这一普世价值的认同。为了学生的尊严牺牲一点教师的"尊严"，也未尝不可。教育是一种境界，为师者当做到无"私"。

掌声里，我感到无比舒坦，凯和我的难堪统统抛到了九霄云外，乌云密布的教室顿时阳光灿烂。教育是一种感化，善待失败，收获精彩！

掌声里，凯的内心也不会风平浪静，因为有这么多人真诚地关心他。教育是一种氛围，对其中的每一个人都会产生潜移默化的影响。

仅仅有教育理想，还不能真正成为一个好教师，一个好教师还需要有引领学生幸福前行的教育理念、教育艺术，我深深感受到了自身的缺陷。陡然间，我有了一种"饥饿感"，这增强了我提升自身素养的自觉性。寻找教育名家的著作、博客、文章，从中获得教育智慧；在教育类的QQ群上与大师、同仁直接进行对话，一个个教育难题得以解答；写一些反思类的教育随笔、教研论文，记录教育实践中的感悟，有的还发表了……渐渐地，我觉得眼前明亮了许多，遇到问题不再一味地"较真"，而是多些尊重，让教育更加贴近学生，更易于为学生所接纳，在生活体验中、道理思辨中提升学生的责任意识。

在阅读中，让我感触最深的是德国哲学家卡尔·雅斯贝尔斯在《什么是教育》一书里讲过的一句话："教育意味着一棵树摇动另一棵树，一朵云推动另一朵云，一个灵魂唤醒另一个灵魂。"教育需要的是"摇动"、"推动"、"唤醒"，而不是"强加"、"制约"、"服从"。后来，我更加悉心地对待凯，让他写一写自己的所思所想，以便摸清其成长的心路历程，提高其心理健康水平；在班上找到愿意帮助凯的同学，让他们在学习上进行一对一的帮扶；邀请心理辅导老师进行面对面的交流，改善其人生取向；走访凯的家庭，取得家庭的有效配合；利用学科课堂教学和社会实践活动对凯施加影响，使其逐步树立正确的世界观、人生观、价值观……"教育是慢的艺术"，对问题学生的转化需要较长的时间。"功夫不负有心人"，经过一个学期的共同努力，一个有活力的凯终于融入班集体。

"被鞠躬"是教育的失误，"回鞠躬"是教育的虔诚。教师与学生的思想、情怀是相生相长的。作为教师，要有人民教育家的理想信念，要有教书育人的事业追求，育人需要从"人"出发，其根基是对"人"的尊重。教无止境、学无止境，尊重体现在教育的细微之处，一个拥抱、一句话、一个眼神……从这个意义上讲，"教师，永远的'学生'"。

（储昭柏　安徽省岳西县岳西中学）

生之所需，我之所为

那是 2007 年 8 月 19 日的上午，突然接到学校教务主任电话，让我马上到学校去。"什么事呢？"我忐忑不安，撂下手头事情，急匆匆地赶往学校。

因赶得急又加上大热天，走进教务处时，大气喘小气，汗珠湿 T 恤。主任热情地说："先吹一下空调凉爽凉爽，定定心再说。"

我是急性子，急着想知道到底有什么事情。

主任笑眯眯地说："有一位老师调走了，我们学校缺政治老师，新学期想让你改教初三 5 个班的政治。"

此时，我脑海里浮现出大学毕业分配时相似的一幕。当时，接待毕业生分配的校长说："学校缺英语教师，你就教英语吧！"我毫无怨言，服从领导分配，教了英语，一教就是 16 年。其间，我参加了英语自学考试，获得了江苏教育学院颁发的本科文凭，成为学校唯一的双本科生。我醉心于英语教学，教起来得心应手，在施教区也小有名气。如今要我放下英语改教政治，真是割舍不下，况且又是毕业班的政治，关系着学生升学。这完全出乎我的意料，一点思想准备也没有。

我打起了退堂鼓，连连说："还是叫其他老师去教吧，我怕教不好。"

主任说："想来想去，还是你比较合适，况且你马上要评高级职称，该是做专职政治老师的时候了。"

我知道学校既然已经决定了，再无改变的可能，但我依然存着侥幸心理。

"能不能只教3个班？"

"肯定不行，14个班，就3个教师。担子是重了点，但我相信你一定会干好！"

话已至此，我无语了，只能服从学校安排，心里七上八下，深感肩上担子沉重，除了将课本看到烂熟于心，别无他法。

有人给我支招，说上政治课很容易，只要让学生画画、背背知识点就能应付考试。我也照着此法开始了政治教学，我不用翻书就能叫学生翻到第几页，在第几行画下来。学生看到我对教材如此熟悉，惊讶不已。画完知识点，还可以留点时间插科打诨，我幽默诙谐的语言让学生开怀大笑。此时，我颇为得意，觉得自己还挺有教政治的天赋，自我感觉甚好。

一个月后，我们迎来了全年级政治测验，这是对学生政治学习的一次大检测，也是对我教学成效的一次大检测。对此，我自信满满，估摸着不要说争第一，中上水平还是很有可能的。

不久，测验成绩出来了。我压制住急切的心情，故作镇定地打开成绩单，从上往下看。第一名，不是我的班（理所当然）；前五名，也没有一个我的班，有些小失落，不过没事，我才教多久啊，成绩是慢慢累积的嘛；接着往下看，中等位置，还是一个没有，我心头一紧，手心沁出了汗，黏黏腻腻的。不会吧，难道说……目光滑至单子的最后，果然，整整齐齐地排列着自己教的5个班，我仿佛看到5个班的学生睁着无辜的眼睛望向我、质问我，霎时抽干了我所有的自信，内心杂乱无章的情感彻底暴露出来：失落、羞愧、懊悔、自责、愤怒……

我茫然地望着这张成绩单，反复地问自己：哪里出了错？

学生吗？不，分班是公平的，每个班的学生总体水平都应该差不多。那自己的问题又出在哪里呢？我并不缺少勤奋，也不缺乏教学经验，自身的学术修养也还可以。到底哪里错了？

我辗转反侧，一夜未睡好，梦里隐隐浮现那张可怕的成绩单。思前想后，觉得问题还是出在课堂教学，我一味地画知识点，禁锢了学生的思维，学生并没有真正理解。这种填鸭式的教学方法，使学生无法应对试卷中大量的变化题，在考场上束手无策。

果然，不久学生的问卷调查验证了我的猜想：教学方法陈旧而死板，学生上政治课没积极性。尽管我已经有了心理准备，但"没积极性"和"陈旧而死板"这两个词语，还是像冰锥一般，深深刺痛了我的内心，同时也刺醒了我。这两个词语表达了学生对教师感情的疏远，对教师教学的不满，比起成绩排名，这对我的打击更大。我无地自容，原以为课堂很精彩，有说有笑，实际上这只是肤浅的热闹。

对比英语教学的自信，政治教学的"滑铁卢"让我深以为耻。我苦苦思索，却毫无进展。政治教学路在何方？

我苦闷得很，便去公园散心。忽见我班学生阿国在远处朝我微笑，我也朝他微笑示意，并走上前去，跟他进一步交谈。阿国是一个学困生，平时我对他关心很少，但他对老师朴素的好感没有减少半分。真诚的他告诉我："同学们都不了解你，对你讲的知识也不理解。我们喜欢关心学生的老师。你讲的很多笑话，都与课本无关，我们喜欢讲课生动、充满智慧的老师。"

我忽然领悟到，在过去的一个月里，上课时我只管讲自己的，下课就走人，很少关心学生，对学生能有多少了解呢？课堂教学的中心不应该是老师，而是学生啊！

自此，我开始关注阿国，关心起学生来。

某天吃午饭，在涌入食堂的人流中我听到了同我打招呼的声音，抬头一看是阿国。我点头微笑，见他的筷子插在口袋里，便提醒他："不要将筷子放在口袋里，如果摔一跤，就可能有危险。记得老师刚参加工作那一年，跟同事踢足球，不小心摔了一跤，别在内上衣口袋里的钢笔刺痛了胸部，伤得很重，好多天才恢复过来。即便现在，只要阴雨天，就会感到隐隐作痛呢。"阿国听了，马上把筷子取出来，说："谢谢老师!"顿时，一丝开心从心中滑过，不仅因为帮助了学生，更因为与学生拉近了心理距离。

这样的关怀越来越多，我得到的快乐也越来越多。

有一年时令已进入小雪，冷空气却迟迟没有南下发威，最高气温仍维持在二十多度，跟阳春三月无异。某日，为迎接江苏省教育装备现代化验收，学生们进行大扫除，忙得热火朝天。在盥洗间的水龙头下，阿国正在洗拖把，豆大的汗珠从额头上渗出，热得只穿了件单衫。我见他穿得单薄，便提醒他："当心着凉伤风，毕竟是冬天了！这几天，气温可能骤降。"阿国报以微笑："老师，知道了，马上去穿外套。"

春天，我带班参加社会实践活动。中途，导游安排老师吃了午餐。一吃完，我就急着去看看我班学生的活动情况。

见到老师，学生们立刻围上来。原来，有几个同学把吃的东西落在车上了。

阿国皱着眉："老师，我们饿死了。"

"门口就有餐厅，为什么不去?"

"还有20分钟就要集合去下一个景点，怕来不及。"

"我包里有牛肉干可以暂时充饥，要吗?"

"谢谢老师!"

"老师，您真是救人于水火啊!"

"老师，今天您给了我一顿饭，以后就是我的老大了，小弟一定听从您吩咐。"

……

学了《孝敬父母长辈》后，我要求学生以"父母的爱心"为主题写一封信，回忆在自己成长过程中父母所付出的辛劳。阿国写的几段话都抄自书上，只有最后一句"我在这里衷心地对爸爸妈妈说一声'谢谢'"才是阿国的原创。阿国可能偷懒，可能水平如此，我不但没有批评他，反而在全班学生面前大大表扬他："你能通过书信表达对父母的爱，这种爱是发自肺腑的。你是一个孝顺的孩子，非常理解父母的辛劳。老师非常高兴，说明老师的课没有白上，对你有触动。你能爱父母，一定也能爱老师，听老师的话。"阿国成绩不好，很少被表扬，在同学中总觉得低人一等，不能很好地融入集体，上课也不专注。我在全班同学面前表扬他，给了他一个惊喜。他不好意思地挠挠后脑勺。自此，在我的政治课上，阿国渐渐地自信了、积极了。

点滴小事体现了我的真心实意，体现了我对学生的关心。有人说，好感是教学取得成功的基础，良好的师生关系就是从好感开始的。只有亲其师，才能信其道。一切事情都不会白做，都有回报，对阿国以及其他学生的重视，赢得了他们对老师的好感、对政治课程学习的好感。老师的真心，也会换来学生道德认识的提高。

与学生建立良好的师生关系仅仅是第一步，教学的创新也应同步跟上。政治与英语是两门关系并不太大的学科，由于我教了十六七年的英语，英语的情愫时时在脑海里萦绕，挥之不去，以至于在政治课上我会不时从嘴里蹦出几个英语单词或句子，例如：要学生回答问题，我会不由自主地说"Please"；学生回答问题以后,我会脱口说出"Good"。学生眼前一亮,兴趣大增。阿国曾对我说:"老师,你真有才!"

多次以后,我脑海里忽然闪过一个想法:何不在政治课上适当地加入一些英语元素,给该门课增加一点新的味道?将政治这门具有强烈时事性和思想教育性的学科与英语教育巧妙结合,创新与突破政治教学模式,做到既充分体现思想政治学科特色,又丰富和深化课堂教学内容。

将其定位于"适当渗透英语",一方面,把好主次关,即围绕政治教学,适当穿插英语教育,让英语更好地为政治课服务。另一方面,把好选材关,即所选的英文材料要与授课内容密切相关,难度适当,易于理解,要有一定的趣味性和教育意义,有助于激发学生的兴趣,提高课堂效率。

还有一次在讲到某知识点时,我顺便穿插了一段新闻,发现学生饶有兴趣,于是我就大胆设计了一个"师生共说新闻"的教学环节,共5分钟时间。"师生共说新闻"受到学生的欢迎,学生是这样评述的:

> 上课之前,老师会让我们说新闻,让我们"家事国事天下事,事事关心"。现在,每天上课同学们几乎都举手回答问题。告诉您一个秘密:如果哪天有政治课而忘看新闻,同学们会急着到处询问。(8班 阿国同学)
>
> 政治老师上课很特别,要求我们重视国内外新闻,在上课前说一说。这是一个不错的办法。(17班 张同学)
>
> 上课时,老师先让我们说说世界大事要闻,让我们不再是"两耳不闻窗外事,一心只读圣贤书"。(19班 游同学)
>
> 与以往不同的是,在刚开始上课时,有说新闻的一个环节,这个环节不仅让我们能够了解时事大事,也增强了

我们的语言表达能力，使更多的学生敢于发言，善于发言。（15班　周同学）

俗话说，家事国事天下事，事事关心。既然学政治，当然要关心一下天下事，我觉得这一点很有特色。（16班　任同学）

学生喜欢"师生共说新闻"，在平时的课堂教学中也得到了验证：学生在课上积极参与，举手回答非常踊跃；参与的学生多，可谓是全员参与；往往要突破5分钟教学时间的限制；场面可以说是争先恐后，有的学生还离开座位，以引起老师的注意，有的时候也会引起课堂的混乱，不得不每组轮着来，以做到公正有序。

以"师生共说新闻"为载体和平台，活跃课堂气氛，使课堂充满活力，让学生享受播报过程的愉悦，其氛围影响着整堂课的教学。

如今，"阿国们"已经考上了大学，与他们共同度过的一年学习生活是我难以忘怀的。我深深地感悟到学生需要关爱，需要充满活力的课堂。以生为本，是我努力践行的追求。

（曹继军　江苏省江阴周庄中学）

两块木牌引发的思考

法国著名女高音歌唱家玛·迪梅普莱,有一座非常漂亮的园林,山清水秀,林木郁葱,流水潺潺,鸟鸣啾啾,好一派迷人景象。为此,引来不少人来度假,摘鲜花、捉蟋蟀、赏月亮,有的甚至燃起篝火,边野餐,边歌舞,余兴未尽者,干脆搭起帐篷,彻夜狂欢。因此,常常把园林弄得一片狼藉,肮脏不堪。

束手无策的老管家,只得按主人的指令,在园林四周搭起篱笆,竖起"私家园林,禁止入内"的警告牌,并派人严加看守,结果仍无济于事,许多人依然通过各种途径潜进去,令人防不胜防。后来管家只得再行请示,请主人另想良策。

迪梅普莱思忖良久,猛地想起,园林中不是经常有毒蛇出没吗?直接禁止游人入内不见成效,何不利用毒蛇做文章呢?她叫管家雇人做了一些大大的木牌立在园林的显眼处,上面醒目地写明:"请注意!你如果在林中被毒蛇咬伤,最近的医院距此15公里,驾车需半小时。"

从此以后,闯入她园林的人便寥寥无几了。

对于一个本质相同的问题,站在两个不同的角度,一个是关心"我",另一个是关心"你",立场一转变,问题便迎刃而解。

回想我们的教学,何尝不是如此?我们常常过多地考虑"我要教给学生什么",而不去考虑"学生想学些什么",学生也处在"要我学"的被动状态，于是课堂上昏睡不醒者、无精打采者、心神不定者、默然视之者皆有人在，一张张本该蓬勃、明媚、青春、阳光的脸上写满了忧郁、无奈、痛苦、失望……何不变换一下思路，改变一下立场，从学生出发呢？

一、关心学生的所思所想

"老师讲的不是我们所想的，我们所想的老师恰恰不讲。"如今的学生思维活跃、视野开阔、崇尚自我、追求个性，讲台上老师们讲得口干舌燥、挥汗如雨，也很难激起他们的兴趣，满足他们的口味。学生不买老师的账，怎么办？当代著名教育家李镇西老师说过这样一句话："一个教师最该想的是什么？——是我的学生此刻在想什么？!" 54个头脑，54种想法，如果个个都照顾到，课还怎么上？起初，我不以为然。但是，在执教了"走科教兴国之路——时代的选择"一课后，我彻底改变了看法。

当谈到现代科技的作用时，我没有像往常一样和盘托出，而是引用了来自地震灾区的一则报道："生命探测仪、卫星移动应急指挥系统、卫星导航仪等一批高科技救灾装备，在抗震救灾中优势明显。比如，通过'基于网络环境的遥感影像快速纠正系统'，工作人员可及时完成随机获取的抗震救灾航空影像等，为灾区提供急需的抗震救灾影像图。利用'三维地理信息系统'可制作成'地震灾区数字三维地理信息系统'，便于及时了解塌方道路、河流阻断、堰塞湖等情况，为抗震救灾决策提供技术支持。"在这短短的时间内，我分明觉得学生眼中闪耀着光芒，在眼神与眼神相互碰撞的一刹那，一种被学生关注的满足感油然而生。我顺势激发学生思考：这段材料说明了什么？透过学生若有所思的神情，我仿佛看到了他们的大脑在急速运转，不断地自我肯定与否定……一番头脑风暴之后，大多数学生得出结论：科学技术已经渗透到经济和社会生活的各个领域，促使经济飞速发展和社会生活发生巨大变化。

看着学生心满意足但又沉醉其中意犹未尽的样子，我深受启发：别怪学生不喜欢上我们的课，只怪自己没有想学生所想，思学生所思，没有把学生的注意力深深地吸引过来。于是，以后备课时我不再只关心自己怎么给学生讲，而是在立足课程标准的基础上，先听听学生喜欢怎么学、喜欢用怎样的方式学，等等。当课堂上适时穿插比尔·盖茨、"嫦娥二号"、"我爸是李刚"、利比亚内战等学生喜闻乐见的国内外新闻热点时，他们的求知欲望被激发，思维的火花被点燃，生命的活力被释放……在这点点滴滴的变化中，我真切地感受到了课堂中生命的涌动和成长。

二、关注学生的内心需求

周末闲逛时，突然听到两声清脆的"老师好"，顺声望去，原来是班上的两名女生正朝这边走来。闲聊中，我无意中问起其中一位："刘凌，你个子这么高，是不是受遗传基因的影响？"她吃惊地瞪着我："啊？老师，你知道我的名字呀？！谢谢你，老师！"还没等她再说，另一位女生就抢了先："老师，你知道我叫什么吧？""你……叫……等我想想啊……"我绞尽脑汁地在自己的记忆里搜寻着她的面孔，可怎么也对不上号。我一边极力地掩饰着自己的窘迫，一边又将她仔细地打量一番，以便找出某些标志性的特征"对号入座"。转瞬间，一丝不易被人察觉的失望从她脸上慢慢掠过，而后又迅速地凝结成淡淡的笑容，她似乎怕我难堪，便自报家门："老师，我是×××。"

说真的，她叫什么我已经完全没有心思听了，我无法掩饰内心的自责与不安：从教几余载，毕业的尚且不说，目前还在自己班级的，我又能记住他们当中多少人的名字？已经教了她半年多了，好不容易才模模糊糊认得她的面孔，而名字呢，早已被课堂上那些简单的"你"代替了（每每提问时，因为记不住学生的名字，所以我只好远远地用手指向他们，并说"你来"、"你再说"），久而久之，学生在我的眼中就都成了"你"。这个简单又通用的名字背后是对学生个人尊严的漠视！是对学生内心需求的冷落！

每一个学生都是独一无二的生命个体，他们都有自己的情感和需要，他们渴望被发现、被尊重、被关注、被理解，而名字又是一个人最起码的象征，记住一个人的名字能让他意识到自己的存在，体验到自己作为人的一种尊严感和幸福感。如果连这点都被忽略了，那"尊重学生"岂不成了没有根基的空中楼阁？

关注学生、尊重学生，从记住他们的名字开始！

三、关爱学生的成长过程

苏霍姆林斯基说过："一个好教师意味着什么？首先意味着他是这样的人，他热爱孩子，感到和孩子交往是一种乐趣，相信每个孩子都能成为一个好人，善于跟他们交朋友，关心孩子的快乐和悲伤，了解孩子的心灵，时刻都不忘记自己也曾是个孩子。"

"时刻都不忘记自己也曾是个孩子"，简短的一句话，掷地有声！想想我们自己，总喜欢用成年人的眼光来评价孩子、要求孩子，却忘了自己也曾是个孩子！——回想青春年少时，不也曾在课上趁老师不注意时传一些毫无价值的小纸条？不也曾"偷工减料"地对待作业？不也曾装出生病的样子不去上课？不也曾乐此不疲地给老师起绰号，甚至鬼鬼祟祟地搞恶作剧？……可如今，这些问题发生在我们的学生身上，我们怎么就那么不能理解，甚至把他们看做"另类"了呢？

究其原因，是我们忘记了自己也曾是个孩子！每个人自呱呱坠地的那一天起，注定要经历各自的成长过程，或循规蹈矩，或活泼好动，或顽皮野性，或放荡不羁……我们何不穿越时光隧道，把自己当做学生的一个合作伙伴，引导并伴随他们一起成长？——当他走了弯路时，我们不再简单地训斥，而是像呵护弯了腰的小树一样精心地将他扶正；当他迷路时，我们不再轻易地指明方向，而是引导他自己去辨别方向；当他畏惧时，我们不再拉着他、拖着他走，而是唤起他内在的精神动力，激励他排除干扰、全力以赴、独自行走……

每一个成长经历在人生的历史长河中都不过是匆匆一瞥，或欢笑，或沮丧，或灿烂，或黯淡……但只要经历过就算没白走一遭，就是一笔不可多得的精神财富。收起我们那副虽然娇嫩却老气横秋的面孔吧，不要用自己所谓的"经验"过多地束缚孩子们的手脚，不要剥夺孩子们经历的权利，放手让他们自己去走吧，别忘了我们也曾是个孩子。

教与学是一个双向交流、互动的交往过程，人与人之间又何尝不是如此？很多时候，不是我们无法改变，而是我们不愿去改变。当所有"常规性的措施"已经起不了多大作用，而且屡屡碰壁时，我们不妨换一个角度，多站在对方的立场想一想，每天只需改变一点点，也许成功正在下一站向我们招手。

（王桂玲　山东省文登第二中学）

绽放你的微笑

教育是心灵交流的艺术，而微笑是所有交流中最有力的语言。它展示着一种胸怀，表达着一份信赖，传递着超越语言的理解与关怀。西方有句谚语说得好："教师就是面带微笑的知识。"教育心理学认为：微笑是活跃课堂气氛的润滑剂。微笑能使师生之间架起一座沟通的桥梁，老师灿烂的笑容，能让学生在亲切、愉快的气氛中汲取营养，健康成长。教师的微笑是一种无形的力量，能对学生产生深远持久的影响。

一、关心学生，微笑是丰沛的爱意

现代教育家夏丏尊说："教育之没有情感，没有爱，如同池塘没有水一样，没有水，就不能称其为池塘，没有爱就没有教育。"苏联教育家苏霍姆林斯基说"我把整个心灵献给孩子"。教师的爱心，既是激励学生成长、学习的催化剂，更是一颗种子，播撒、扎根在每个学生的心中。只有充满爱心的人，才会懂得教师存在的价值，才会乐于做教师并享受教师生活的乐趣。只有充满爱心、心中装着学生的教师，才会有真诚、甜美、善意的微笑。教师的微笑包含着对学生的理解和赞许，是对学生心灵的关爱。教师的微笑能协调师生关系，融洽师生感情，让学生觉得教师善解人意，于是愿意向教师敞开心扉，和教师交朋友，从而调动学生的积极性和主动性，激发他们的自信心和上进心，促进他们健康成长。

我非常注意观察学生的情绪变化和交往情况，因为这些直接关乎他们的心灵。上高三不久，我就发现班上有一个女生有些异常，上课无精打采，下课也不和同学交流。经过多方了解才知道，她6岁时父亲因车祸去世，母亲改嫁他乡，是爷爷奶奶把她养大，供她上学。知道情况后，我悄悄地给她交上学费，经常给她买学习用品、衣服。最重要的是，关爱她的心灵，我经常找她谈心，并用微笑鼓励她、呵护她，让她体会到母爱般的关怀。感恩节那天，我收到了她的一封信，她写道："韩老师，多少年了，我在梦中呼唤妈妈，醒来总是泪湿枕巾。您的微笑像阳光一样温暖着我，让我品尝到了久违的母爱。韩老师，您就是我的妈妈，我真心地叫您一声'妈妈'。"从此，她学习上更加刻苦认真，性格也变得开朗起来，脸上绽放出快乐的笑容。还有什么比学生的进步更能让教师满足的呢？我用充满爱的微笑唤醒了学生的心灵，换来了学生的健康成长，我感到欣慰和满足。

从教十几年来，我关爱每一个学生，用爱心感化学生，用爱心激励学生，始终微笑面对每一个学生，从而架起了一座师生沟通的桥梁，把爱的阳光洒向每一个学生的心田，用自己的人格魅力感化学生。因此，我被学生称为"阳光般的老师"，被评为"学生最喜欢的老师"。

二、尊重学生，微笑是深刻的理解

叶澜教授曾说过："教育是直面生命，通过生命和为了生命的人类崇高事业。"教育是一份美的事业，尊重生命的教育才是真正体现教育本质的教育。学生是具有思想、情感、需求和潜能的活生生的人，他们渴望得到别人的关爱和尊重，特别是老师的关爱和尊重。哪怕是一个点头、一个微笑，对他们来说，都是莫大的安慰和鼓舞。如果教师对学生独具的个性和良好的表现给予微笑，那么这种肯定、鼓舞、信任，就会大大激发学生的兴趣和求知欲，达到意想不到的效果。

一次复习课上，大部分同学都在认真背诵、做习题，干劲十足。唯有于同学无所事事，左顾右盼。我知道，他是这个班里有名的"刺头"，不爱学习，经常逃课，是典型的问题学生，任课教师都感觉他无药可救了。在和学生的交流中我得知他街舞跳得很好，于是我走过去朝他微微一笑，说："我听说你街舞跳得非常棒，能给我介绍一下吗？"他一听就兴奋起来，和我眉飞色舞地介绍起街舞的起源、特点等。我一边听着，一边报之以欣赏的微笑，说："你对街舞能研究到如此程度，一定是下了工夫的。这说明，你是一个非常聪明也非常认真的孩子，我敢打赌，你现在去背诵一个问题，三分钟后上黑板默写，一定能得满分。"听完我的话，他真的开始认真背起来，三分钟后，他上黑板把这个问题一字不差地默写出来了，同学们报之以热烈的掌声。后来我才知道，从来没有老师提问他，更别说微笑着和他谈街舞了。后来，在课上只要他有积极的表现，我都会微笑着向他点点头，他也会心一笑，学习更加认真了。学期末，他取得了让老师和家长都震惊的好成绩。这件事对我触动很大，学生都是鲜活的生命，每个学生的个性不同，但是他们都需要被尊重、理解和欣赏。只有深刻理解学生的个性，尊重学生的意愿，尊重学生的发展要求，才会激发学生的求知欲望，才会激发他们超越他人、超越自己的动力，促进他们全面发展。

三、包容学生，微笑是温柔的教诲

泰戈尔说过："不是槌的打击，乃是水的载歌载舞，使鹅卵石臻于完美。"苏霍姆林斯基说过:"孩子的过失不管多么严重,如果不是出于恶意,就不应该责罚他。"有些学生因其性格特点和生活背景的特殊性,往往比其他学生容易犯错误。因此,教师要冷静地对待这部分学生的过错。切忌讽刺、挖苦,而是要在平等、和谐的气氛中对他们动之以情、晓之以理,这时候,微笑的作用就显现出来了。陶行知先生"四颗糖"的教育故事我们教师人人皆知。陶行知在对待一位犯错的男生时,没有批评他,而是不断寻找理由奖励他糖果。当学生站在陶行知面前流下后悔的眼泪时,陶行知满意地笑了,然后掏出第四颗糖果递过去,微笑着说:"为你正确地认识错误,我再奖励你一块糖果。"陶行知对犯错的学生,没有暴跳如雷的训斥,而是面带微笑进行奖励和引导。这样的包容才真正具有人性魅力,才是真正关注学生成长的包容。微笑面对学生的错误,并不是放纵学生,而是让学生从恐惧感中解脱出来,减轻心理压力,体会到老师的教育,从而敢于发表自己的观点,认识到错误并改正错误,在这种包容中不断地健全人格,升华情感,健康成长。

四、滋润学生,微笑是和暖的阳光

卡尔·雅斯贝尔斯说:"教育意味着一棵树摇动另一棵树,一朵云推动另一朵云,一个灵魂唤醒另一个灵魂。"教育就是塑造灵魂的事业。有人说,教师脸上有多少微笑,学生心里就有多少阳光。"身教重于言教",教师的思想、行为、作风和品质,每时每刻都在感染、熏陶和影响学生。无论是课上还是课外,我总是面带微笑,亲切地和学生进行交流、探讨,不仅以丰富的知识启迪学生的智慧,更以自己健康的心态去塑造学生健康的心理,以自己完美的人格去塑造学生的人格。经常有任课教师说,你们班的学生都像你,个个阳光灿烂。教师的微笑是对学生的信任和鼓励，是最美丽的语言，是和暖的阳光。如果一个孩子生活在批评中，他就会学会自卑；如果一个孩子生活在鼓励中，他就会学会自信；如果一个孩子生活在微笑中，他就会学会微笑。让我们微笑面对每一位学生，用阳光般的笑容去滋润每位学生的心田，引领和塑造学生健康的灵魂。

老师们，请对学生露出笑脸，绽放微笑吧，因为你的笑容会铭刻在学生的心中，流淌在他们的生命里。毕业时，学生说："老师，我们最喜欢您的微笑，您的微笑最美。"毕业时，我会送给他们这样的话：微笑面对生活，生活将给予你更加灿烂的微笑。

（韩英　山东潍坊第七中学）

后　记

作为"教师政治素养"丛书的"感悟篇",本书收录的是34位教师对政治素养的诠释和理解。与另外两本不同的是,这里的诠释,多是身体力行的感悟,以及基于自身体验的思考。这样的体验,少了理论味道,却增加了许多生活情调和人文情怀。

这种情调和关怀并不都是甜蜜和幸福的。也许正是由于这个原因,教师这个职业让很多人望而却步。但这不等于说教师这个职业是不值得做的"老九"。本书的作者们就用自己的经历和感受,给我们诠释了教师政治素养的真实意味与宝贵之处。看看各位老师举重若轻、轻描淡写地展示给我们的那些故事,我们就可以知道,教师这个称谓背后那些沉甸甸的东西,才是真正需要我们好好把握的。有了这些东西,这个职业才能变成事业,教书匠才能变成育人师。

本书的作者构成十分复杂。有成绩斐然、已经桃李满天下的正高级教师,也有刚刚进入教师阵营的"新兵";有来自江南的慢慢道来,也有来自东北的快人快语……一个共同的称谓——教师,将大家联系在一起;一个共同的关切——政治素养,激发诸多感怀。透过那些洋溢着阳光气息的文字,我们可以真切地感受到教师的不易和辛苦,也更能感受到教师们的敬业和奉献。很多事情,也许就是我们经历和体验过的,作者们亲切的音容笑貌,在那些鲜活的文字后面一一呈现,与我们心底那最温暖的东西对接交融，也让我们脸上挂满笑容，在回忆那些属于我们的故事中充满幸福的感觉。这种良性的传染，会给我们的生活增加很多亮色。

北京师范大学价值与文化研究中心为本书的完成提供了充分的物质条件和坚实的理论基础。北京师范大学哲学与社会学学院思想政治教育专业的特色专业建设也为本书的编撰提供了支持。华东师范大学出版社北京分社的各位领导和编审人员在图书策划、后期编辑审稿过程中付出的努力对于本书的出版更是功不可没。没有这些方面的大力扶持，本书的出版是难以想象的。在此，一并谢过！

教师的政治素养是个常说常新的话题。大家每天都在体验中感悟，在感悟中成长，在成长中收获。希望本书的这些故事，会成为激发各位读者思想火花的酵母，让大家在对政治素养的思考中有更多收获！

李晓东

2012 年 5 月 18 日

图书在版编目（CIP）数据

做一名有政治素养的教师／李晓东主编．—上海：华东师范大学出版社，2012.6

ISBN 978-7-5617-9648-1

Ⅰ.①做… Ⅱ.①李… Ⅲ.①教师—中国共产党—党员—党性—修养 Ⅳ.① G451.6 ② D263.3

中国版本图书馆 CIP 数据核字（2012）第 136371 号

大夏书系·教师政治素养
做一名有政治素养的教师

主　　编	李晓东
策划编辑	李永梅
审读编辑	李热爱
封面设计	奇文云海
责任印制	殷艳红
出版发行	华东师范大学出版社
社　　址	上海市中山北路 3663 号　邮编　200062
网　　址	www.ecnupress.com.cn
电　　话	021-60821666　行政传真　021-62572105
客服电话	021-62865537
邮购电话	021-62869887　地址　上海市中山北路 3663 号华东师范大学校内先锋路口
网　　店	http://hdsdcbs.tmall.com/
印 刷 者	北京季蜂印刷有限公司
开　　本	710×980　16 开
印　　张	13
字　　数	150 千字
版　　次	2013 年 6 月第一版
印　　次	2023 年 5 月第三次
印　　数	7 001－8 000
书　　号	ISBN 978-7-5617-9648-1/G·5676
定　　价	45.00 元
出 版 人	朱杰人

（如发现本版图书有印订质量问题，请寄回本社市场部调换或电话 021-62865537 联系）